미스터 마켓
2023

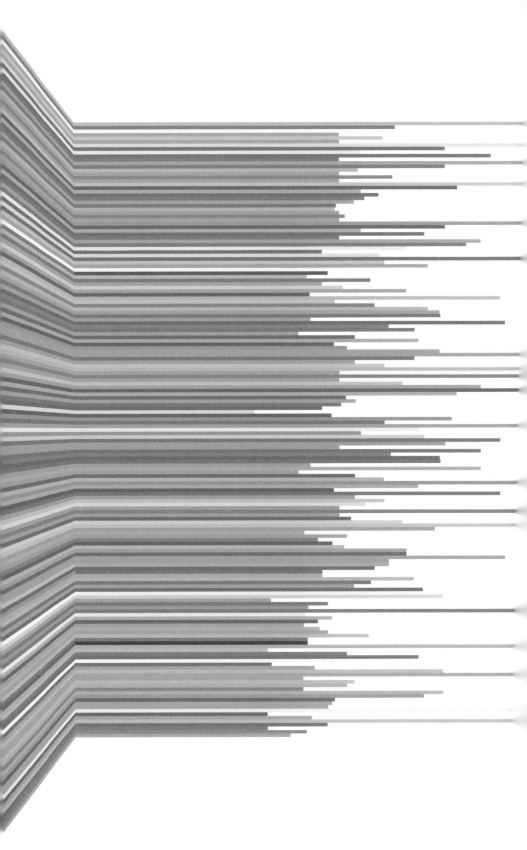

미스터 마켓 2023

2023년, 부의 재분배가 일어난다

이한영 · 오종태 · 강영현 · 정채진 · 염승환 지음

P page2

01 흔들리는 나무가 아닌 숲을 보자

2022 미스터 마켓 돌아보기

이한영

02 지금은 '예측'이 아닌 '대응'으로 돌파한다

오종태

03 리세션의 뜀틀을 밟고, 스트롱바이가 온다!

강영현

04 우리가 얻는 것

정채진

05 '결핍'을 채워주는 산업과 기업에 투자하자

염승환

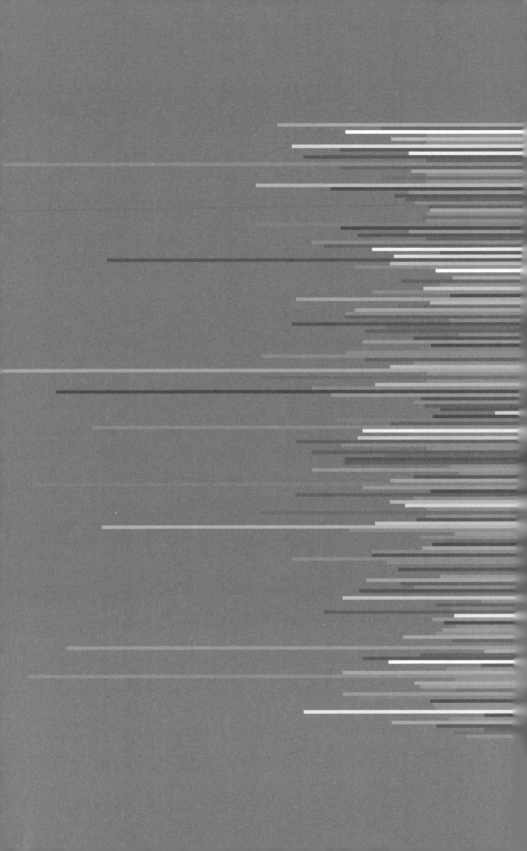

01장

흔들리는 나무가 아닌 숲을 보자

2022 미스터 마켓 돌아보기

이한영
DS자산운용 주식운용본부장

MR. MARKET 2023

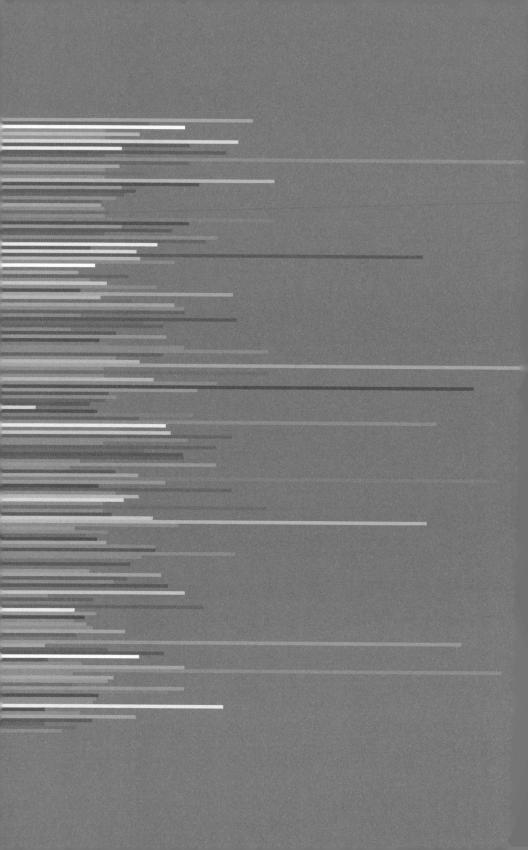

갈수록 높아지는 시장의 난도,
어떻게 대응 전략을 짤 것인가?

시간은 또다시 흘러 어느새 2022년이 마무리되고 있다. 언제나 그렇듯 시간은 참 잘 가고, 별로 한 일이 없는 것 같은데 벌써 2023 새해 맞이를 위한 준비를 하고 있다. 특히 2022년은 인플레이션과 전쟁에 관한 뉴스들을 체크한 것 외에는 기억에 남는 일이 없었던 것 같은데, 벌써 1년이 지나갔다. 남은 것이 없다고 느껴지니 허탈감만 남는 것 같다.

아마 필자뿐 아니라 시장에 참여한 대부분의 투자자들이 올해 투자를 하면서 많이 지쳤을 것이고, 자신감도 많이 상실했을 것이다. 그렇지만 이러한 과정을 통해 투자자들이 새로운 경험과 내공을 쌓을 수 있게 되었다고 좋게 해석한다면, 다가오는 2023년 미스터 마켓을 대하는 우리의 자세도 다시금 긍정의 에너지와 새로운 마음가짐으로 준비할 수 있을 것이다. 필자 역시 독자들과 이러한 기운을 함께 나눌 수 있기를 바라면서 글을 시작하고자 한다.

『미스터 마켓』이라는 책의 저자로 참여한 지 어느새 3년째다. 처음 함께한 『미스터마켓 2021』부터 돌이켜보면 2020년은 코로나19의 발생부터 극한의 위기와 되돌림의 시점에서 '급락과 급등'을 경험한 시장이었으며, 2021년은 역사적 고점을 형성한 이후 성장growth의 둔화라는 측면에서 '점진적인 하락'이 연출되었으며, 2022년은 인플레이션과 전쟁이라는 대표적인 화두를 바탕으로 '추세적 하락 속에서 급등과 급락을 반복'하는 극심한 변동성 장세가 연출되었다.

처음 이 책에 참여했을 때부터 강조했던 부분이 '시장은 살아 움직이고 있으며, 시간이 갈수록 더 고난이도의 환경을 제공한다. 그렇기에 우리 또한 항상 공부하면서 명확한 기준을 가지고 시장에 대응해야 한다!'였는데 역시나 2022년 시장도 예상했던 것보다 더 높은 난이도를 보여줬다.

아무런 일이 없더라도 투자를 하는 데에는 항상 고난이 따르기 마련이다. 그리고 우리는 이러한 과정을 늘 거쳐왔다. 특히 2022년은 본격적인 금리 인상 사이클에 진입한 시기였으며, 예상치 못한 전쟁, 시장의 희망과는 달리 좀처럼 떨어지지 않는 인플레이션 지표들, 격화되는 미·중 갈등 및 신냉전 시대의 도래, 미국과 중국의 권력 및 정치 구조의 변화 등이 글로벌 증시를 요동치게 했다.

필자 역시 변동성 넘치는 시장을 거치며 투자를 지속해 왔다. 신입 사원 시절 짧게 겪었던 금리 인상 사이클과 대리 시절에 겪었던 리먼 사태, 과장 시절에 겪었던 중국 중심의 제조업 소사이클, 팀장 시절에 겪었던 박스피(BOXPI, 박스권 장세의 코스피를 일컫는 말)에서 종목 및 테마Theme 장세, 본부장 시절부터 시작된 중국소비주를 중심으로 한 소비주와 신성장 테마(BBIG: Battery, Bio, Internet, Game), 그리고 지금의 '태조이방원(태양광, 조선, 2차전지, 방산, 원자력)'의 강세까지. 약 20년간 주식시장에서 다양한 일을 겪었지만 단 1년 만에 이 일들을 모두 경험한 것 같다는 생각이 들 만큼 2022년은 변동성이 큰 시장이었다.

어찌되었든 코스피KOSPI는 다시 코로나 이전 수준까지 하락했다. 그 과정에서 우리는 '인플레이션은 언제 완화되는지?', '경기는 둔화가 아니라 침체기에 들어선 것인지?', 급기야 '핵전쟁은 발발하는 것인지?' 등에 대한 이슈를 매일 체크하면서 1년이라는 시간을 보냈다. 그러다 보니 이 글을 쓰고 있는 지금(2022년 10월) 많은 투자자들이 지칠 대로 지쳐 있는 모습이다. 그래서인지 시장의 반등은 이제라도 매도를 할 수 있는 찬스로만 여겨지고, 지수의 강한 반등 자체도 '베어마켓랠리Bear market rally(약세장 속에서의 일시적 반등 장세)'로만 치부하기에 이르렀다.

이런 상황에서 『미스터마켓 2023』에 담을 내용을 정리하다 보니, 필자 역시 막막한 감이 없진 않다. 그리고 독자들에게 어떠한 방식으로 내용을 전달해야 효과적일 것인가에 대한 부담감도 큰 상황이다. 그래서 이번에는 기존과는 조금 다르게 내용을 전개해 보고자 한다.

필자는 정기적으로 운용보고서나 기고문 등 다양한 글을 적곤 한다. 이러한 글들은 당시의 투자 상황과 대응 전략을 고심해서 담은 글이기에 생생하며 유용한 정보를 제공한다. 이번 『미스터 마켓에 2023』에서는 필자가 과거 시점에 썼던 글들을 새롭게 구성하여 2022년 시장을 월별로 돌아보고자 한다. 당시의 생각, 대응 및 전략 등을 녹여 2022년을 정리하고 이를 바탕으로 2023년 미스터 마켓을 어떻게 대응하고 보내야 할지에 대해 살펴보려 한다.

이런 과정을 통해 시장 참여자로서 가졌던 필자의 고민이 독자들에게도 유용하기를 바란다. 힘들었던 2022년을 잘 극복하고, 새로운 2023에는 이 책을 읽는 모두가 흥하기를 바라는 마음으로 글을 시작한다.

본격적인 금리 인상 사이클,
2022 미스터 마켓을 돌아보며

지금부터 필자가 해당 시점에 작성했던 시황에 대한 글을 기반으로 2022년 미스터 마켓을 돌아보고자 한다. 각각 월에 벌어진 사건과 이에 대한 대응을 생생하게 살펴보고 이 과정을 통해 미래를 대비할 교훈을 얻어보자.

1월: Fed의 방향성 제시 요구와 코스피 대어의 상장

Fed의 방향성 제시 필요

2021년 12월, FOMC(연방공개시장위원회)는 예상치 못하게 양적

긴축QT, Quantitative Tightening(중앙은행이 은행권에서 반강제로 돈을 빼내는 일로 금리 인상을 통한 긴축 효과가 크지 않을 때 쓰는 방식)의 실행 가능성을 내비치며 시장에 충격을 주었다. 향후 금리 인상에 대한 명확한 가이드라인이 필요한 시점이었다. 그런데 이에 대한 방향성 제시가 부재하면서 시간이 갈수록 향후 금리 인상 스탠스에 대한 억측들이 난무하는 구간이 되었다. 금리 인상 횟수에 대한 예상치가 4회에서 7회까지 올라갔고, 특히 2022년 1월 말 FOMC를 앞두고 Fed 인사들이 정책에 대한 의견을 제시하지 못하는 블랙아웃 기간에 진입하자 금리 인상에 대한 우려감은 더욱 증폭되었다.

결국 정책에 대한 불확실성이 시장 변동성만 키운 꼴이 되었다. 이로 인해 시장 금리의 상승에 따른 밸류에이션 하락으로 성장주 중심의 고 밸류에이션, 즉 하이 멀티플High multiple 종목들의 급락이 동반되었다.

따라서 당시 Fed에 요구되었던 것은 미국 완전 고용 근접에 대한 자신감(Fed의 의무 중 하나를 달성했다는 자신감이 인상에 대한 스탠스를 조금 더 구체화시킬 수 있기 때문), 3월 금리 인상 예고와 명확한 인상 스텝 제시(얼마를, 몇 번 인상할 것인지에 대한), 기자회견을 통한 향후 양적긴축 실행 방안 코멘트(시장 쇼크를 발생시켰던 이슈에 대한 안정화)까지 세 가지였다. 이 세 가지 중에서 두 개 이상만 제공해도 1월 급락한 시장의 변동성이 완화될 것이라 판단했는데, 결국 FOMC 3월 회의에 가서야 금리 인상을 확정했으며, 양적긴축에 대해서는 좀 더 논의(과거 4번 정도 논의하고 실행했던 경험)를 통해 결정하겠다고 언급했다. 매파적(통화긴축 선호)이었으나, 구체적이지는 않았던 결과물이었다.

하지만 이로 인해 금리 인상이 확정되면서 시장의 불확실성이 완화되었고, 이에 따라 이익 증가를 통해 밸류에이션 매력이 발생하는 종목들(반도체, 기판 중심의 IT 섹터)에서 상대적 강세가 지속될 것으로 예측되었다. 특히나 이들 섹터는 2021년 내내 약세였다는 점에서 저가 매력을 어필했고, 금리 인상 시기에 밸류에이션에 있어서 부담이 덜한 것이 투자자의 선호를 이끌 전망이었다.

대한민국 역대급 IPO, LG에너지솔루션 상장

LG에너지솔루션의 상장은 단군 이래 최대 상장이라는 비유가 회자될 정도로 역대급 IPO였다. 유동성이 아무리 많은 시장 상황이라도 사전 수요 예측과 공모주 청약에 대한 열기로 확인했듯이 이 IPO는 시장 수급의 블랙홀 역할을 하는 이벤트가 될 가능성이 컸다. 그래서 상장 이후 수급의 되돌림 현상이 어떻게 진행될지 시장 대응의 영역에서 주목해야 했다.

LG에너지솔루션의 주가가 40만 원이면 시가총액이 100조 원, 주가 50만 원이면 120조 원, 주가 60만 원이면 140조 원으로 평가된다. 상장일인 1월 27일 기준의 종가 50만 8,000원으로 계산한 시가총액이 시장 전체에 5.6% 수준이라는 점을 고려하면 단기적으로는 기관 수급이 향후 주가의 방향성을 좌우할 것이다.

왜냐하면 높은 시가총액 비중으로 인해 상장 익일부터는 패시브펀드Passive Fund들의 수익률에 반영되기 시작할 것이므로, 시가총액 비중에 맞출 것이냐, 시가총액 비중보다 낮은 비중으로 유지하면서 주가 하락에 베팅할 것이냐, 시가총액 비중보다 확실하게 오버웨이트Overweight(비중 확대)하면서 상승에 베팅할 것이냐를 두고 선택해야 하는 상황이 펼쳐질 것이다. LG에너지솔루션의 경우 유통 물량을 최소화시켰던 것이 향후 어떤 영향을 미칠지 아직 모르는 상황이었다. 하지만 당시처럼 신규 상장 시점이 아니더라도, 향후 3개월, 6개월 락업lock up 기간(주식을 매각할 수 없는 일정 기간) 해제 때마다 수급에 대한 우려가 있겠지만 반대로 이것이 해소될 경우 주가 상승 모멘텀으로 작용할 가능성이 존재한다고 필자는 생각했다.

어찌되었던 역대급 IPO에 자금이 몰린 시점이 공교롭게도 2022년 1월 FOMC를 확인한 시점과 맞물렸다. 이 과정에서 확인되는 미국과 한국의 성장주 실적에 자금이 어떻게 반응할 것이며, 어떤 섹터로 퍼져나갈 것인지를 확인하는 것이 단기 시장을 보는 데 있어서 중요한 관전 포인트가 될 것이라 판단했다.

시장의 레벨

2022년 1월의 코스피 2600포인트는 미·중 무역 분쟁 직전이었던 2018년 4월 수준과 같았다. 코스피 P/B 1배가 2800포인트, 코스피 전고점 3300포인트 대비 20% 조정이 2640포인트라는 점에서 기술적 반등이 가능한 구간이었고 지속 하락하던 시장에서 반등의 실마리를 찾을 수 있게 된 시점이었다. 구정 전이라는 시기적 아쉬움이 존재하지만, 단기 낙폭 과대라는 측면에서 변곡점 형성이 가능한 시점으로 판단됐다.

시장은 불확실성을 싫어하는데 그 불확실성의 대표주자였던 FOMC와 LG에너지솔루션 IPO라는 두 가지 이슈가 완화되었기에 기술적 반등과 실적 확인을 바탕으로 한 종목 장세의 전개를 예상해 볼 수 있었다.

> **»** 빅이벤트(big event)의 불확실성은 시장 변동성 증폭 요인이지만, 불확실성의 해소 또는 완화는 시장의 변곡점을 제공한다. 결국 시장은 명확한 방향성을 좋아한다. 매크로(macro)의 전망이든, 실적의 방향이든 명확한 방향성이 핵심이다.

2월: 전쟁의 시작과 리오프닝(Reopening)

러시아 vs. 우크라이나 = 에너지 패러다임의 변화 촉발

필자가 생각하기에 이 전쟁은 푸틴과 바이든의 낮은 지지율 때문에 발생한 일이다. 푸틴은 전쟁을 통해 강한 지도자의 위상을 보여주면서 본인의 지도력과 러시아의 쇠퇴 국면을 극복하려 할 것이고, 바이든 역시 미국의 전통적인 방법에 기인하여 낮은 지지율을 극복하는 방안으로 전쟁을 활용할 것이 예측됐다. 그래서 전쟁은 단기전이 아닌 일정 기간 지속될 것으로 보인다. 이미 예상과 다르게 보이지 않는 기싸움이 아닌 실제 무력 전쟁으로 발발했으며, 현대전이지만 단기에 끝나지 않았다는 점에서 장기전 가능성에 무게를 두고 향후 전개를 지켜봐야겠다.

한동안 전쟁의 파급력에 대한 분석이 쏟아졌다. 운송 및 물류 문제의 부각 및 에너지와 식량 의존도에 따른 해당 원자재의 가격 급등 우려 등이 시장에 혼란을 가중시킬 것이다. 하지만 이 모든 것이 지나면 언젠가 균형을 찾을 것인데, 우리는 이 과정에서 새로운 패러다임의 변화가 나타날 것인지를 체크해야 한다. 새로운 변화가 나타나는 시점에 '장기성장주'가 탄생하기 때문이다.

2013년도에 출간된 『2030 에너지전쟁』이라는 책을 읽은 적이 있다. 이 책의 서두에는 푸틴이 에너지학을 전공한 실제 박사학위 소지자이며 소비에트 연방공화국의 분열 이후 러시아의 부활에서

에너지가 어떤 역할을 했는지에 대해 잘 알고 있고, 실무 경험까지 가지고 있는 지도자라는 해설이 나온다. 이런 내용을 토대로 푸틴은 본인의 경력과 경험을 지금 시점에서 적극 활용할 것이라고 예상할 수 있었다. 이번 전쟁은 러시아가 에너지 의존도가 높은 유럽 대륙에 대해 자신의 건재함을 보여주려는 의도도 있는 것으로 판단된다. 따라서 푸틴이 얻을 것을 얻지 못한다면 전쟁은 단기간에 끝나지 않을 것이다. 푸틴이 가장 원하는 것은 러시아의 위상 회복과 푸틴 본인의 건재함이다.

전쟁으로 인해 유럽의 인플레이션은 미국보다 더 가파르게 증가할 것이고, 경제성장률은 미국보다 더 가파르게 하락할 것으로 예측됐다. 이로 인해 미국 우위의 구조가 형성되고, 달러 강세 국면이 연출될 것이 예측되었다. 미국의 금리 인상으로 부담이 생기는 상황에서 유로화 약세와 리스크 프리미엄Risk Premieum까지 합쳐지면 '달러 초강세' 국면이 연출될 가능성이 존재했다. 향후 시장 수급에 우려가 되는 부분이었다.

그리고 전쟁의 목적이 패권의 재확립인 푸틴은 '에너지는 안보'라는 개념을 전 세계에 심어주게 되었다. 따라서 '에너지 패러다임의 변화'라는 국면 속에서 유가 상승, 천연가스 공급 이슈, 신재생에너지 수요 촉발 등 다양한 형태로 새로운 변화가 나타날 가능성이 크다.

전쟁의 발발 자체는 안타까운 상황이지만, 이를 통해서 야기되는 '달러화 강세', '에너지 패러다임의 변화'가 시장 수급에 어떠한 영향을 미치고, 어떤 섹터에 수혜를 가져다줄 것인지에 대해 판단하고 대응하는 전략이 필요하다.

우리는 코로나19 팬데믹 당시 비대면 소통의 활성화로 인한 플랫폼 기업들의 급성장을 목격했다. 이번에는 전쟁으로 시작된 신재생에너지 및 에너지 안보에 대한 이슈가 해당 산업의 급성장을 앞당길 수 있을 것이다.

그리고 어쩌면 시장에는 덤일 수 있지만, 전쟁으로 인해 금리 인상 우려도 완화될 수 있었다. 실제 이 글을 적는 시점에 3월 50bp(베이시스포인트) 인상 확률이 Fed 인사들의 과격한 코멘트에도 불구하고 35% 수준까지 빠졌었다. Fed 입장에서는 3~6월 사이에 CPI(소비자물가지수)가 하락하는 것을 확인하고 싶은데 전쟁으로 인한 유가의 상승이 Fed의 바람과는 대치되는 상황이라 시장이 어떻게 반응할지 궁금해졌던 대목이다. 파월 의장이 해온 형태를 보면 전쟁을 평계로 금리 인상의 폭을 낮춰서 시간을 벌려고 하지 않을까 싶었다.

코로나19, 그리고 리오프닝

미국, 유럽을 중심으로 리오프닝 가능성이 커지면서 관련주들의 반등이 시작되고 있었다. 메이저리그나 EPL 경기를 보면 모두 '노마스크'다. 우리는 아직 철저하게 마스크를 쓰고 있는데, 부스

터샷을 통해 집단면역 형성을 거친 선진국은 이미 자유의 몸이 되어가고 있던 것이다. 이러한 상황을 생중계로 지켜보며 우리나라도 그렇게 될 것이라는 기대감이 형성되고 있었다. 물론 국지적인 상황이라 자유로운 여행이나 해당 산업의 급격한 턴어라운드 Turnaround(실적개선, 흑자전환)가 동반되는 상황은 아니다. 하지만 일부 지역에서 리오프닝이 시작되었고, 이를 가능하게 했던 방법이 확인되었기에 결국 다른 나라도 따르게 될 것은 시간 문제다.

무모하게만 보였던 집단면역이었지만 선진국들은 선제적으로 자체 백신을 보급하며 면역을 키우기 시작했고, 방역 체제 및 의료 시스템이 갖춰진 나라일수록 이를 빨리 극복하는 국력을 보여줬다. 결국 이번 팬데믹은 선진국의 힘을 보여준 계기였다는 생각도 든다.

여하튼 리오프닝이 시작되면 상승장에 대한 기대감은 확산된다. 그리고 그 수혜주는 명확하다. 하지만 당장 눈에 보이는 실적은 없고, 회복이 될수록 고정비 부담이 증가하여 개별 기업의 유동성 이슈도 동반된다. 하지만 턴어라운드 기대감은 주가를 코로나19 이전 수준까지 회복시킬 가능성이 크다. 주가와 실적 다 반등할 종목(엔터테인먼트), 당장 실적은 안 나와도 주가가 반등할 종목(여행·레저), 실적은 되는데 주가가 상승하지 않을 종목(국내 내수), 주가와 실적 모두 다 안될 종목(외국인 카지노)의 형태로 나눠서 대응 방안을 강구해야 했다.

해당 산업들이 코로나19 이전 수준으로 가면서 승자 독식 구조가 형성될 수도 있는가 하면 리스타트_re-start_ 개념으로 원점에서 다시 모두가 경쟁하는 구조가 형성될 수도 있었다. 실적이 당장은 나오지 않을 것이므로 이러한 구조를 잘 생각하면서 철저하게 단기 모멘텀에 대응해야 했다.

전쟁과 리오프닝에 대한 시장 대응

전쟁은 사실 예측이 아닌 대응의 영역이다. 하지만 이번 이슈로 인해 과격한 금리 인상에 제약이 걸렸고, 이 사이에 중국의 PPI(생산자물가지수)는 3개월 연속 하락했으며 이런 와중에 글로벌 리오프닝은 시작되었다. 1차적으로는 단기 낙폭에 따른 기술적 반등으로 코스피 2700선을 회복한 이후 방향성을 모색하던 시장에 전쟁 이슈가 더해지면서 변동성이 발생했다. 하지만 금리 부담은 낮아지고 있는 상황에 리오프닝이 더해지자 의외로 주도주가 명확해졌다. 금리 부담이 낮아지면서 각광받은 2차전지, IT 중소형주와 여행, 항공 등의 리오프닝주가 대표적이다.

주가 매력이 발생하는 상황에서 에너지 패러다임의 변화, 리오프닝, 금리 인상 속도 조절이라는 호재는 순환매 장세를 연출하기 충분했다.

> >> 빅 이벤트(Big event)로 인해 발생하는 변화는 신규 투자 기회 및 모멘텀을 제공하게 된다. 그리고 이것이 추세를 형성하면 새로운 주도주가 탄생하게 된다. 항상 이벤트에 따른 변화에 민감하게 대응하자.

3월: 별의별 일이 다 있던 달

2022년 3월에 발생한 별의별 일을 정리해 보면 아래와 같다.

1. 대한민국 정권 교체(3월 9일)

2. FOMC 불확실성 완화(3월 15~16일)

3. 러시아 디폴트 선언(3월 16일)

4. 전쟁 협상 희망(5차 협상까지 결렬)

5. 중국 방역 정책 변화 및 부양책 기대감

이런 이슈들이 합쳐지자 지수 상승이라는 결과물이 나왔다. 3월 월간 기준 코스피는 2757.65포인트로 전월대비증감률mom +2.17%, 코스닥은 940.57포인트로 전월대비증감률 +7.20%에 도달했다. 각종 이벤트가 있었으나 결국은 악재들의 순차적인 완화와 특히 국내 오미크론 정점 통과로 인해 낙폭과대 성장주들의 반등이 강했다.

시장에 한 번에 몰아넣기 어려운 수준의 다양하면서도 영향력이 큰 악재들의 이벤트가 종료되거나 방향이 전환되면서 시장에 프라이싱pricing(현재 시점을 기준으로 적정 가치를 산출하는 것)되는 과정을 보였다. 이 과정에서 코스피는 2022년 1월에 확인했던 저점을 유지했다. 예상치 못한 러시아의 우크라이나 침공까지 반영했는데도 코스피가 2640선을 버텨냈다는 점에서 의미있는 지수의 레벨이었다. 당시 시점의 판단으로는 1월 저점 이후 FOMC의 결과를 확인할 3월에 지수 쌍바닥을 형성할 것이라고 예측했던 것이 어쩌면 2월까지 이어진 전쟁으로 인해 먼저 형성되었을 수도 있다.

시장의 모든 관심은 결국 변동성이 높아진 원자재 가격의 안정화로 귀결될 것이다. 환율과 유가가 왜 1,250원과 130달러에서 막히는지 당시 시점에서는 설명하기 힘들었다. 필자가 이코노미스트economist들과 당시 상황에 대해 함께 고민을 해봤으나 교과서적인 답이 나오는 문제가 아니었다. 결국, 과거 수십 년간 만들어진 강력한 실물 가격 밴드라는 것 외에는 설명할 길이 없었다. 단기에 국한될 지라도 이 두 가지의 단기 고점을 확인했다면 당시 낙폭과대와 1분기 실적, 연간 실적성장주, 리오프닝에 집중해야 할 때라고 필자는 생각했다.

2022년 1~2월이 잘 견뎌야만 하는 장세였다면, FOMC의 시계로 본 3월의 타이밍은 단기 매수 대응을 해볼 만한 가격대로 판단됐다.

> **»** 주가는 모든 악재와 호재를 선반영한다. 과하게 반영하든 아니든 반영이 되고 나면 언제나 되돌림이 나온다. 따라서 항상 가격의 반영 정도에 대해서 고민해야 한다.

4월: 우유부단한 파월 의장, 그로 인한 시장의 변동

시장의 혼란만 키운 Fed의 스탠스

2022년 3월, FOMC의 결과물이 매파적이었음에도 불구하고 시장은 단기 반등으로 반응했다. 그 이유는 크게 다음과 같다. 장기적이고 강력한 긴축을 표명하면서 시장 참여자들이 갖는 불확실성을 제거해 줬다는 것이 표면적인 이유지만, 구체적인 긴축 경로를 제시하지 않았다는 점에서 향후 5월 FOMC까지는 관찰해야 한다는 이슈도 제공했다. 하지만 시장은 Fed가 인플레이션 통제를 선택한 것이 수요 둔화를 초래하고 장기금리 상승 둔화로 낙폭과대 성장주에 기회를 제공하게 되는 것으로 반응했다.

인플레이션이 잡히지 않는다면 시장은 지속적으로 Fed의 스탠스에 대해서 검증하려고 할 것이다. Fed가 '긴축한다!'라는 의견을 보여줘도 긴축을 얼마나, 어떤 속도로 할 것인지에 대해 끊임없이 질문할 것이며 이는 시장의 변동성 요인이 된다.

그렇다면 Fed는 왜 갑자기 금리 인상을 서둘렀을까? 그 이유는 좋은 고용 상황에 있었다. 물가를 잡기 위해서 포기해야 하는 고용의 기회비용이 있지만, 이 시기에는 적기에 이를 희생해서라도 물가를 잡겠다는 자신감을 비친 것이다. 그런데 안타깝게도 빠르게, 그리고 충분히 금리를 인상하지 못했던 결과로 인해 경기 둔화의 조짐이 보이는 상황이 발생했다. 이런 시기에 Fed의 뒤늦은 매파적 스탠스로의 전환은 보는 이로 하여금 오히려 Fed가 급해졌다는 인상을 강하게 주는 역효과를 가져왔다고 필자는 생각했다.

따라서 향후 Fed가 기대 인플레이션(미래의 물가상승률)을 제대로 꺾지 못한다면, 시장은 금리 인상에 대한 정책 당국의 스탠스와 시장의 눈높이 차이로 인한 변동성이 발생할 수 있다. 지수는 박스권을 형성하고, 지리한 박스권 공방 속에서 개별 종목 장세로 대응해야 하는 피곤한 장세가 연출될 수도 있다.

정말로 경기 침체가 올까?

매크로 지표상으로는 모든 지수가 기준치 이상에 있어 경제를 둔화로도, 침체로도 볼 수 없었다. 다만 시장은 금리 인상의 효과로 경제 활동이 위축되고, 이 과정에서 자연스럽게 경기 둔화가 되는 것을 걱정했다. 그런데 주식, 채권, 물가, 원자재, 환율 모두 강세인데 과연 경기가 둔화일까? 이런 고민이 드는 시점이었다. 답은 지나고 나서 확인해야 하는 것이지만, 그저 단순히 인플레이션 상황의 반영인 것은 아닐까. 사실 이런 상황에서 인플레이션을 극복하는 경제적 체력만 확인된다면 이는 걱정이 아니라 오히려 장기 성장의 시발점일 수도 있다. 당시 시황으로는 그저 희망일 뿐이었지만 이런 생각도 해봤다.

실적 시즌

금리 이슈에 따라 실적 성장주의 희소성이 수익률 차별화로 나타났으며, 주도주의 역할을 강화시켰다. 이에 더해 리오프닝이 본격화되면서 리오프닝 섹터 내에서도 재평가를 받거나 이익 체력 강화로 위기를 극복하는 기업이 구분되면서 시세의 차별성이 나타났다.

1분기 실적이 예상보다 좋게 나왔고, 2분기는 개선되는 추세였다. 예상보다 좋은 실적의 근원은 원가를 온전히 전가시킨 경쟁력이었다. 이에 수출입 물가 상승 구간에서 원가를 반영한 기업이 주도주가 되고 있었다. 시장은 어렵지만, 1분기 실적 구간을 통과하면서 호실적 주식에는 주가가 신고가로 반응했으며, 향후 전망이 어려워지고 있는 반도체 산업에서도 소재주들이 역사적 신고가를 경신하기도 했다. 따라서 2022년은 2021년처럼 시장이 힘들더라도 최소한 종목 장세는 연출될 것이라고 필자는 판단했다. 물론 2021년보다 더 강화된 옥석 가리기가 동반될 것이다.

>> 결국 주가는 실적이다. 물론 호실적이 주가 강세를 보장하는 것은 아니지만 기본적인 체력은 제공한다. 특히나 지금처럼 경기 둔화, 침체를 걱정하는 국면에서는 실적 성장의 희소성은 수익률의 차별화를 가져다준다.

5월: 통화 정책을 극복할 해법의 등장?

프렌드 쇼어링(Friend Shoring)

2022년 5월, 시장에 새로운 투자 모멘텀을 제공할 만한 단어가 등장했다. 그리고 시장 참여자들에게는 미숙하게만 느껴졌던 Fed의 파월 의장 대신, 이제는 재무부로 자리를 옮긴 노련한 재무장관이자 전 Fed 의장 재닛 옐런Janet Yellen이 다시 등판했다. 통화 정책을 극복하기 위해 재정 정책이 등장했다고 말할 수 있겠다. 옐런은 이때 '프렌드 쇼어링Friend Shoring'이라는 단어를 들고 돌아왔는데 이는 트럼프 대통령 시절에 자주 등장한 온쇼어링On Shoring의 개념에서 확장된 것이다.

온쇼어링이란 해외 진출한 기업이 국내로 다시 되돌아오는 것을 의미한다. 트럼프 대통령 시절 온쇼어링의 의미가 기업은 기승전 오로지 미국을 위해, 미국에서만 일을 하라는 뜻이었다면 프렌드 쇼어링은 미국과 동맹국들이 다 같이 힘을 합쳐 잘해보자는 의미다. 물론 이러한 편 가르기는 '신냉전 시대의 도래'를 촉진하는 요인이 될 수도 있다. 하지만 이것은 정치적인 문제라 우리가 이를 예측하여 선제적 투자를 하기는 어렵다. 하지만 정책의 방향성은 확인되었기에 이에 대한 수혜 가능성이 보이는 곳을 찾아본다면 한국 기업, 한국 주식시장에 어떤 영향과 투자 아이디어를 제공할 것인지 알 수 있다.

한·미 정상회담

이런 상황에서 바이든 대통령의 방한은 미국에서 공을 들이고 있는 주요 산업의 밸류체인value chain에 한국의 대표 기업들이 본격적으로 그 역할을 한다는 측면에서 중요한 의미가 있었다. 과격한 생각이자 표현일 수도 있지만, 필자는 미국과 중국 사이에서 이도 저도 아니게 포지셔닝 하는 것보다 확실하게 미국의 성장 산업에 포지셔닝 하는 것이 향후 우리 기업의 실적 성장과 주가 상승에 도움이 될 것이라고 판단했다. 물론 미국이 한국을 위해 뭘 한다고 생각하는 것은 아니었다. 미국 중심의 정책에 한국 역시 치이겠지만, 각 산업의 밸류체인에서 좋은 위치를 차지하고 있는 한국의 대표 기업들에게 낙수효과가 발생한다면 국내 주식시장에도 좋은 투자 모멘텀을 제공할 것이라고 봤다.

먼저 IPEF(인도태평양경제협력회의) 참여 요구부터 들어왔다. 이후 또 어디서, 어떤 정책으로 한국을 압박하면서 당근과 채찍을 제공할지는 모르겠지만, 우선 반도체와 2차전지 및 전기차 등의 자동차 산업에 직접적인 투자 효과를 기대할 수 있겠다. 바이든 대통령의 해외 순방에 대한 백악관 기자 간담회에서 한 기자가 왜 일본이 아닌 한국이 첫 번째 방문국인지에 대해 질문했다. 대변인은 '특별한 의미는 없다'라고 대답했으나 어찌 보면 이는 당연한 것일지도 모른다. 과거와 다르게 지금 산업에서 필요로 하는 기술과 대량 생산 체제가 일본에는 없다. 반도체, 2차전지, 자동차 모두 한국에 있는 것이다. 넘치는 현금흐름으로 투자 여력이 많은 곳도 한국 기업들이다. 바이든의 첫 방문국이 될 수밖에 없어 보였다. 온쇼어링의 조건에도 명확하게 부합한다. 실제 국내 기업들은 바이든 대통령의 방한에 앞서 대규모 미국 본토 투자로 성의를 보였고, 미국은 세제 혜택 및 지원책으로 화답했다.

신냉전 시대든 뭐든 상관없이 글로벌 주요 밸류체인의 핵심이 반도체, 2차전지, 자동차 등 한국의 기술 기업이라는 것을 바이든이 증명했다. 최근 미국 대비 한국 시장 변동성이 1/2 수준으로 낮은 것은 이러한 점을 선반영한 것도 있다. 이에 더해 매크로 악재들의 되돌림 역시 이를 더 강화시켜 줄 시점으로 판단됐다. 즉 시세가 논리를 더 강화시켜 주는 것이다.

이러한 와중에 윤석열 신정부가 법인세 3% 인하를 들고 나왔다. 이는 단순하게 계산해도 한국 주식시장 이익이 +3% 되는 수치이다. 2022년 연간 이익증가율이 9~10% 범위라는 것을 감안하면 이는 무척 큰 수치로 시장 저점에서 투자자들의 자신감을 배가시키는 효과가 있을 것이다. 따라서 트레이딩 측면에서 시장 대응이 가능한 시점이라고 생각했다.

환율, 예측이 아닌 대응의 영역

이때까지 달러 강세, 유로화 약세 국면이었다. 미국은 금리 인상 속도 조절, 유로존은 후행적인 긴축으로 인해 달러 강세 완화와 유로화 강세가 나타났으며, 이것이 당시 3일간 외국인이 코스피를 약 1조 6,000억 원 매수한 배경이라고 필자는 판단했다. 원달러 환율도 어느새 1,240원대에 이르렀다.

통계적으로 환율과 지수는 -0.24 수준의 낮은 음의 상관계수를 갖고 있는데, 변곡점에서 외국인 매수의 작동이 가능한 부분이다. 하지만 상관계수의 절대적인 수치는 낮으므로 이는 변곡점에서의 방향성 정도로만 판단해야 했다. 원달러 환율도 1,200원대에서 1,100원대로 추세적인 강세가 진행되면 외국인의 강매수가 동반

된다. 변곡점 상황에서 제한적이겠지만, 그럼에도 방향이 바뀐다는 것은 시장에 도움이 되는 부분이다.

환율에 대해 정확한 예측을 못한다는 말처럼 느껴지겠지만, 환율은 예측보다는 대응의 영역이다. 그리고 변화가 생긴다면 제일 먼저 환율에서 나타난다. 달러 강세가 되려면 미국의 경제가 상대적으로 좋거나, 글로벌 위기 상황일 것인데 반대로 작동하는 이슈들이 생긴다면 최근의 달러 강세 또한 진정될 것이다.

원달러 환율이 과거 위기 국면의 기준이었던 1,350원으로 향하는 이유를 정확히 설명할 수는 없었다. 다만 극단적인 영역에서는 실물 경제에 참여하는 참여자들의 저항이 결국은 가격 변곡점을 형성시켜 줄 것이라는 점을 인정했으면 했다.

시장 대응

시장이 냉혹하게 관리했던 멀티플Multiple(성장 가치)에 대해 관대해질 수 있는 국면에 진입했다. 2022년 2분기 실적을 통해 증명한 '실적성장주'들의 절대 가격과 밸류에이션이 하단에 진입한 상황으로, 반등 가능한 국면으로 판단됐다. 지수의 급등락 속에서도 '실적 성장&케파capa(생산량) 증가' 기업들은 신고가를 연출했으며, 코스닥 시가총액 1위와 2위도 바뀌었다(시가총액의 순위 변화는 시대 변화의 증거이다).

인플레이션의 핵심 요인인 유가로 인한 에너지 패러다임의 변화로 정유주, 조선기자재, 태양광, 풍력 모두 전망이 좋아 보이는 환경으로 바뀌었다. 개인적으로 향후 전망이 명확한 신재생을 길게 볼 수 있어서 선호한다. 어쩌면 당연하게 전기차 및 2차전지도 에너지 패러다임 변화의 수혜주가 될 것이다.

일본을 중심으로 리오프닝도 시작되고 있었다. 그리고 직접 수혜폭이 큰 LCC, 여행, 엔터 산업 등에서 투자 기회를 찾을 수 있었다. 다만 이 부분은 기대치와 실제치 간의 괴리가 클 수 있어 철저하게 모멘텀 투자로만 대응해야 했다.

최근 사람들의 관심을 끄는 바이오주의 전망은 1차적으로 낙폭 과대, 2차적으로는 6월 바이오 학회를 통해 예측할 수 있겠다. 바이오 기업들의 연구 개발은 정상적으로 진행되어 왔는데, 주가는 오른 것이 없고 오히려 지속 하락만 한 상태였다. 당연히 투자자들의 관심도 멀어진 상황이었다. 본업에는 이상이 없는데, 주가는 오른 것이 없고, 시간만 지났다는 점이 오히려 투자 포인트가 될 수 있었다. 이러한 내용들을 염두에 두고 지수의 상승을 추종하기 보다는 섹터와 종목의 차별적인 성과에 집중해야 한다고 생각했다.

》 정치적 선택이 산업의 방향성을 좌우하는 경우가 많다. 특히 성장 산업의 육성, 보호, 밸류체인의 형성이 진행되는 과정에서 발생하는

정치적 선택은 큰 시세를 가져다주는 경우가 많다. 정치 격변기에 낙수효과를 기대할 수 있는 산업의 변화를 잘 관찰하자.

6월: 리스크 프리미엄의 제거와 절대 가격의 매력

원자재 가격 하락 = 리스크 프리미엄의 제거 현상

전쟁으로 러시아의 공급이 사라지자 에너지 가격 급등에 대한 우려가 가격을 급등시켰다. 하지만 지나고 보니 실상은 그게 아니었다. 러시아산 원유 및 원자재를 전쟁과 무관했던 중국과 인도가 가져가면서 오히려 제조국은 싼 원가로 자원을 얻을 수 있었다. 결국 전쟁에 참여하거나 제재에 동참한 나라들만 피해를 봤고, 그렇지 않은 국가는 수혜를 본 것이다.

물론 경기 둔화 우려에 따른 수요 감소 우려로 원자재 가격이 상승했다고 하는데, 맞는 논리이다. 다만 이때 시점에서는 그 원인이 경기 둔화에 따른 수요 감소인지 아니면 수급 개선에 따른 선물시장에서의 인식 변화인지 정확히 알 수 없었다. 확실한 것은 각종 원자재의 가격이 피크 아웃peak out(정점을 찍고 하락하는 모습) 형태를 보이기 시작했다는 것이고, 시장 참여자들 역시 과하게 부여했던 리스크 프리미엄을 점차 제거하기 시작했다는 점이다. 우려의 완화는 리스크 프리미엄을 제거시켜 주고, 이는 시장의 멀티플 급락을 되돌린다. 이러한 이유로 시장의 흐름이 바뀌는 거라면, 성장주&가치주 무관하게 실적 방향성 트레이딩이 가능한 구간(두려움을 극복하고 공격할 구간)에 진입할 것이라고 필자는 생각했다. 물론 FOMC 회의에 따른 금리 인상 구간 전후로 변동성은 동반될 것이었다.

절대 가격 하락의 매력

일단 주식이 많이 빠졌다. 이때 S&P500 기준 12M fwd PER(1년 후 추정 PER)이 15배 후반, 한국은 8배 후반이었고, PBR도 0.8배 수준이었다. 수치 자체는 큰 의미가 없지만 과함의 정도는 파악할 수 있었다. 단기 급락으로 인해 성장주, 가치주에 대한 구분과 무관하게 실적 방향성이 명확한 기업의 반등이 강했고 추세를 이어가고 있었다.

절대적 가격이 낮은 상황에서, 그리고 지금처럼 모든 게 불확실한 상황에서는 성장의 희소성이 가장 후한 점수를 받게 된다. 성장주의 추세적 상승일 수도 있고, 잊힌 제조업의 턴어라운드일 수도 있다. 이러한 업종들이 증시에서 동반 강세를 보였다. 공통점은 실적 상승이라는 것이고 이것이 투자 매력을 배가시킬 것이다. 결국 가격이 핵심이다.

한국만 왜 빠졌나? 과도한 금융 리스크의 반영?

명확한 이유는 결국 지나고 봐야 알겠지만 일단 할 수 있는 핑계는 유동성이 풀린 상황에서 우리는 미국을 따라 빅스텝을 할 수밖에 없다는 것이었다. 부담되는 것도 사실이었다. 이러한 상황에서 주식시장에 들어와 있는 자금의 흐름(고객예탁금 2020년 25조 원→2021년 75조 원→2022년 56조 원, 신용잔고 2020년 10조 원→2021년 25조 원→2022년 19조 원) 역시 아웃플로우out flow(자본 유출) 형태를 보였다.

신용잔고가 어디까지 낮아져야 과거 신용잔고가 급락했던 시절과 같은 레벨이 되는지는 고민되는 부분이다. 정확하게 판단하기 어려운 상황이지만, 환율만 놓고 보면 국가 부도에 준하는 사태까지 내려왔다. 2002년 12월 이후 처음으로 원달러 환율 1,300원대에 도달한 상황임을 감안하고, 당시와 지금의 경제력을 비교해보면 과함의 정도를 판단할 수 있지 않을까 싶다.

>> 매력적인 가격 자체가 주가에 호재가 될 수도 있다. 따라서 개별 기업들의 적정 주가를 미리 잘 판단하고, 시황에 맞춰 타이밍을 잡으면 주가의 안전마진을 확보하고 투자를 시작할 수 있을 것이다. 물론 공포를 이겨내는 투자가 동반될 것이지만, 이에 대한 반대 급부는 다른 투자자들보다 높은 수익률과 투자의 안정일 것이다.

7월: 비정상의 정상화

6월 이후로 특별히 바뀐 것은 없는 상황인데, 시장의 관심 포인트는 조금씩 바뀌는 과정에 있는 것 같았다. 그리고 오로지 센티멘탈에 의존했던 주가는 이제 펀더멘탈 요소들에 의한 합리적인 반응들을 일부 반영해 나타나기 시작했다.

이제 시장의 관심은 펀더멘탈

이제부터 시장의 핵심 변동성 요인은 FOMC가 아니라 경기와 실적, 즉 펀더멘탈이 될 것이다. 그리고 실제로 펀더멘탈 요인에 집중한 반응들이 나왔었다. Fed는 멀티플에 영향을 주는 요인이었고, 주가는 밸류에이션valuation의 급락으로 인해 1차적인 하락을 연출했다. 필자는 이때부터 실적의 필자는 이때부터 실적의 하향 조정 폭이 얼마나 되는 것인가로 시장의 관심이 바뀌었다고 생각했다.

실적은 일부 하향 조정이 병행되었지만 실적 발표치들은 대체적으로 우려한 것 이상이며, 오히려 정상 수준보다 서프라이즈의 결과물을 내는 기업들도 나타났다.

주가가 실적과 밸류에이션의 함수라는 측면에서 밸류에이션이 선제적으로 급락하고 나서 실적 하향 조정이 마무리된 상황이라면 당시 주가에 악재가 반영된 것이다. 향후 추가적인 악재가 없다면 이때부터는 악재보다 호재에 민감하게 반응하게 될 것이었다. 바텀업_{bottom up}(개별 기업을 먼저 선정하고 종목과 산업을 분석하는 투자 방식) 접근이 효과를 발휘할 수 있는 구간에 진입했다고 판단됐다.

센티멘트의 변화, 비정상의 정상화

언론에서 대서특필하면서 떠들썩하게 보도되었던 전차와 전투기 등의 수주 소식에 '뉴스에 팔아라_{Sell on news}'가 아닌 '뉴스에 사라_{Buy on news}'로 대응하는 현상이 나타났다.

실제 현대로템(064350)이 그러했다. 태양광의 높은 시장 전망에 셀/모듈_{Cell/Module} 업체 주가가 급등하니, 폴리_{poly} 업체가 뒤늦게 상승한 것이다. 2차전지 대장주가 상승하니 그동안 시세가 형성되지 못하던 세컨드 티어_{2nd tier}(업종 최상위권의 바로 아래 등급 업체)도 같이 상승하는 현상이 나타났다. 앞서 2022년 1~6월 시장에서는 보이지 않았던 부분이었다.

시장은 좋은 현상을 좋게 보고 있었다. 과도하게 부여했던 리스크 프리미엄을 제거하고 보니 호재에 매수 대응이 나오는 구간에 도래했다.

시장 대응

2022년 7월 기준 코스피 저점은 2275포인트였다. 실적을 덜 우려하든 밸류에이션을 과하게 뺀 것에 대한 후회든 결과적으로 코스피 2300포인트에서 강한 하방을 확인할 수 있었다. 그렇다고 지수의 V자 반등을 예상하는 것은 아니었다. V자 반등이라는 것은 특정 이벤트로 인해 지수의 급락이 나오고 나서 이를 해결하기 위한 강력한 정책이 뒷받침될 때 나오는 것이 대부분이다. 이때는 그러한 것을 기대하기 힘들다는 점에서 반등이 나오더라도 점진적 반등을 예상했다. 하지만 시간이 갈수록 지수 하방에 대한 논리는 강화될 것이다. "어어어!!!" 하면서 빠진 시장이 "어어어???" 하면서 오를 수 있는 구간인 것이다.

시장 반등이 나타난다면 1차적으로는 낙폭과대주, 2차적으로는 반등 이후에도 밸류에이션이 낮은 주식(저PBR 이후 저PER 주식의 순서로 예상), 3차로는 당연히 실적성장주의 순서로 반등세가 연출될 것이라고 필자는 판단했다. 하지만 실적성장주에 수급이 쏠려 있었고, 밸류에이션의 급락이 연출되었다는 점에서 낙폭과대 실적성장주가 이 당시 답일 가능성이 높았다.

여전히 모든 것이 불확실해 보였기 때문에 이 국면에서는 매크로를 보고 지수 대응을 하면 주식투자하기가 어렵다. 왜냐하면 경기 부진 및 침체에 대한 우려가 개별 기업의 펀더멘탈을 가려버리기 때문이다. 경기와는 무관하게 성장하는 산업이 다수 존재하는 상황에서 이러한 선택은 개별 종목 장세 대응을 불가능하게 만들 것이다. 따라서 산업과 종목을 압축해서 대응해야 하는 구간이었다.

» 되는 시장은 주도주가 명확하다. 주도주가 되면, 주변주도 동행하는 흐름이 나타난다. 비중을 확대해야 하는 시점에 1등주에 의미 있는 투자를 하고, 세컨드 티어(2nd tier) 종목에서 +α를 창출하는 구조는 이런 상황에서 발생한다.

8월: 지금의 변동성이 코로나19와 전쟁에 의한 '착시 효과'였다면?

이번 글에서는 시장에 대해서 고민하는 포인트 중 인플레이션과 Fed의 통화 정책, 러시아·우크라이나 전쟁, 반도체 동맹 및 미·중 갈등이라는 세 가지 키워드를 중심으로 시장에 대한 해설과 판단, 대응 전략을 고민해 보고자 한다.

인플레이션과 Fed의 통화 정책

2021년에 이어 'CPI(소비자물가지수)의 인플레이션과 이에 따른 Fed의 통화 정책'이 시장 변동성의 핵심이었다. 결론부터 정리하자면, 인플레이션에 대응하기 위한 Fed의 후행적인 금리 인상은 시장에 변동성을 촉발시켰으며, 금리의 인상은 시장 할인율을 낮추는 요인으로 작동하면서 시장의 멀티플(밸류에이션)에 영향을 주었고 제로금리 시대에 무한대로 부여했던 시장 및 종목에 대한 밸류에이션 급락을 야기시켰다.

아래 차트는 2022년 7월을 기준으로 연간 수익률에 기여한 EPS(실적)와 PER(밸류에이션)의 영향력을 분리해 분석한 것이다. 결국 시장은 실적의 악화보다는 밸류에이션의 급락에 의해 급락했던 것이다.

그런데 이 이슈가 완화되면서 급락 구간 때와는 반대로 밸류에이션 급락을 진정시키거나 되돌렸다. 1차적으로는 낙폭과대주의 반등, 특히 대형성장주들의 반등을 이끈 상황이 되었다. 그리고 시

그림1-1 **국가별 EPS, PER 연초대비증감률(YTD) 비교표**

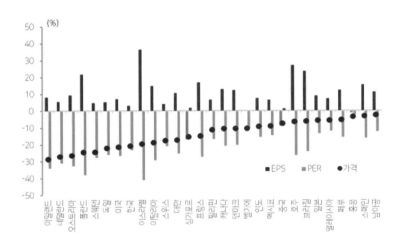

자료: Quantwise

장의 관심은 'Fed의 긴축 통화 정책'이 아니라, '이 상황이 경기 침체냐 둔화냐'에 대한 판단으로 전환되었다.

왜 이렇게 되었는지 원인을 찾기 위해 우선 Fed의 당시 행보를 복기해 보자. 2022년 3월 FOMC에서 Fed는 인플레이션에 대해서 인정하고, 금리 인상을 선언했다. 금리 인상이라는 불확실성이 해소되다 보니 시장은 반등세를 보였다. 그런데 시간이 갈수록 시장은 Fed의 긴축 속도에 대해 의문을 가지게 되었고 이 점이 시장에 불확실성으로 작동하면서 변동성은 커져만 갔다. 이에 5월 FOMC에서는 75bp(0.75%) 인상이 아니라고 말하며 방향성을 제시했고, 중립 금리 수준으로 인상할 것이라는 가이드라인을 주었다. 하지만 시장은 '그래도 50bp(0.5%)씩 인상은 하려고 하나 보다. 그런데 언제까지, 어느 레벨까지 금리를 인상할까'라는 의문이 커졌다. 기대 인플레이션을 잠재울 수 있는지에 대한 우려, 시기적인 측면에서의 정책적 실기에 대한 우려가 더해지자 변동성이 확대되었다.

당시 중립 금리 수준이라고 표현할 수 있는 미국 10년물 국채 금리가 3% 초반이었다. 기준금리가 2% 초반 수준인 것에 비해, 미국 10년물 국채금리는 이미 3% 초반을 상회했다. 기준금리가 그제서야 1%대에 도달했기 때문이기도 했고, 러시아·우크라이나 전쟁으로 인해 곡물, 유가 등을 비롯한 각종 원자재 가격의 상승이 결합하다 보니 인플레이션에 대한 우려가 더욱 부각된 측면도 동시에 작용했다. 결국 Fed의 스탠스가 인플레이션도 못 잡고, 오히려 경기만 더 안 좋게 만든다는 시각이 생기면서 시장의 불안감이 증폭되었던 것이다.

2022년 6월 FOMC에서야 Fed는 이런 모든 상황을 반영하여 비교적 명확한 지표를 제시했다. 자이언트 스텝(75bp), 빅 스텝(50bp), 베이비 스텝(25bp)에 대한 속도와 '연말까지 3.75%'라는 목표치를 제시하면서 금리 인상 논란에 대해 종지부를 찍었다.

그리고 이에 더해 6월 FOMC 이후 곡물, 유가의 하락이 나타나기 시작하면서 인플레이션에 대한 극단적인 우려 상황이 조금씩 해소되기 시작했다. 시장은 인플레이션과 전쟁으로 부여했던 과도한 '리스크 프리미엄'을 조금씩 완화시키면서 안정을 되찾는 모

그림 1-2 **2022년 월별 예상 금리 전망 (단위: bp, 기준: 2022년 5월)**

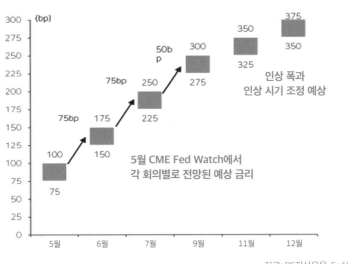

자료: DS자산운용, Fed Watch

습을 보이기 시작했고, 이에 따라 시장의 시선이 인플레이션에 따른 금리 인상이 아니라 오히려 경기 둔화, 침체, 수요 부진에 대한 우려로 향한 것이다. 이로 인해 오히려 연말 3.75%가 아닌 3.5%에 대한 시장 컨센서스도 형성되기 시작하고, 멀티플(시장 할인율) 이슈가 완화되면서 시장의 반등이 나오는 첫 번째 이유가 완성되었던 것이다.

물론 시장의 시선이 경기 침체냐 둔화냐로 바뀐 이후에도 수요 부진과 여전히 높은 레벨의 CPI로 인해 시장의 변동성이 지속 동반되었다. 하지만 견고한 고용 상황과 소매 판매가 경기 침체에 대한 우려를 어느 정도 완화시키면서 투자 심리 개선을 동반했다.

이 점을 주식시장과 연결하면 경기 침체, 둔화는 결국 기업 실적의 하향 조정 폭에 대한 고민으로 귀결되는 부분이라는 것을 알 수 있겠다. 2022년 2분기 실적 시즌을 통해 확인된 실적의 레벨과 향후 전망을 보면, 우려 이상의 실적 하향 조정은 일단락되는 형태를 보였다. 그리고 이 또한 마무리는 지수의 하방 경직으로 이어지게 될 것이라 판단했다.

주가는 실적(EPS)과 멀티플의 함수라는 측면에서 보면 인플레이션 및 금리 인상 이슈로 선제 조정이 나왔던 멀티플에 이어, 경기 둔화냐 침체냐의 논란에서 완화되는 우려가 실적 시즌에 수치로 확인한 전망과 결합하여 마지막으로 하향 조정을 마무리해 준다. 이런 측면에서 결국 지수가 하향 경직성을 가지기 위한 함수를 완성했다고 판단할 수 있겠다.

표 1-1 **코스피 밸류에이션 표** (단위: 배, pt)

	7.50	8.00	8.50	9.00	9.50	10.00
FY22: 15%	1,862	1,958	2,053	2,149	2,245	2,340
FY22: 7%	1,997	2,102	2,206	2,311	2,415	2,520
FY22: 5%	2,031	2,138	2,245	2,351	2,458	2,565
FY22: 2%	2,115	2,228	2,340	2,453	2,565	2,677
FY22	2,150	2,264	2,379	2,494	2,609	2,723
12M Fwd	2,216	2,335	2,454	2,573	2,692	2,811
FY23	2,282	2,405	2,529	2,652	2,776	2,899

이것을 종합해서 단순하게 표현해 보고자 만든 것이 바로 이 표다. 이는 시장의 지수 밴드를 인위적으로 설정해 코스피 지수를 예측해 본 것이다. 꼭 이러한 지수대로 움직인다가 아니라, 이 정도 범위에서 밴드들이 설정이 되겠구나 정도만 가늠해 보자는 것이다.

2022년 초 실적 전망치를 기준으로 실적 전망치의 하향 조정 폭을 2%, 5%, 7%, 15%로 인위적으로 설정하고, 이에 대해 단순 밸류에이션을 적용하여 코스피 지수를 추정해 보면 위와 같은 수치들이 산출된다. 이를 보면 2022년 지수의 저점인 2275포인트는 결국 실적 기준으로는 2~5% 정도의 하향 조정, 밸류에이션 기준으로는 8.5~9.0배 수준의 중간값에 해당되는 수준이라는 것을 알 수 있고, 시장이 이 정도 수준에서 각종 악재들을 반영했다고 이해하면 될 것이다. 어느새 코스피가 2022년 6월 초 급락이 본격화되었을 시기의 2500선을 회복한 상황이라는 점이 이를 증명한다고 필자는 생각한다.

시장은 언제 우리가 그렇게 인플레이션을 걱정하고, 금리 인상을 걱정했냐는 듯이 다시 2022년 6월 초 수준으로 돌아왔다. 2021년에 필자가 많이 받았던 '지금의 CPI, 미국 10년물 국채금리에 대해서 어떻게 생각하십니까?'라는 질문에 이렇게 대답을 했던 것이 기억난다.

"코로나19 팬데믹 구간에 급락했던 물가와 금리가 상승하는 것은 문제가 되지 않습니다. 장기 시계열 수치로 봤을 때 결국 평균치로 회귀하고 있는 과정이라 판단하기 때문입니다. 다만 상승하는 속도가 문제입니다. 속도에 문제가 없다면 시장은 펀더멘탈이 인플레이션을 극복할 수 있다고 신뢰하게 될 것이고, 안정적인 상승세를 보일 것입니다. 하지만 속도가 급하면 시장은 경기에 대한 우려를 할 것이고 이로 인해 변동성이 발생하게 될 것입니다."

이를 통해 필자가 전달하고 싶었던 메시지는 이렇다. 우리는 수개월 동안 극단적으로 '밸류에이션의 하락', '경기와 기업 실적 악화에 대한 우려'를 경험했다. 이것이 최근 2년간 코로나19 사태로 발생한 각종 병목현상 및 수치들의 기저(또는 역기저) 효과의 결과물이라면 우리는 과거 정상적 수치로 회귀하는 것들에 대해 필요 이상으로 과대, 과소 해석해서 오류를 일으킨 것이 아닐까? 모두가 한 번은 생각해 봤으면 하는 문제다. 즉, '최근 2년간 벌어진 일들이 신기루였다면?'이라는 생각이 다소 엉뚱할 수는 있지만 시장에서의 새로운 방향성을 점검하는 데 있어서 한 번은 고민해 볼 만했다.

쉽게 끝나지 않을 러시아·우크라이나 전쟁

'현대전'이라는 이유로 1~2주 내에 종전할 것이라 예상됐던 전쟁은 2월 발발 이후 현재까지 진행 중이다. 여러 정치적인 이슈를 떠나 주식시장 측면으로만 접근한다면 결론적으로 이 전쟁은 '달러의 강세'와 '에너지 패러다임의 변화'를 촉진시킨 사건이라 할 수 있겠다.

전쟁은 직접적으로 GDP와 인플레이션에 영향을 줬다. 이 두 가지 요인을 미국과 유럽이라는 두 개의 지역으로 나눠서 단순하게 보면, 이 전쟁은 미국과 유럽 모두 GDP 성장률이 둔화되는 국면에서 유럽의 하락을 더 가속화하는 요인이 되었다. 왜냐하면 유럽이 더 곡물, 원유 등에 대한 러시아 의존도가 높았기 때문이다.

그리고 두 지역 모두 인플레이션이 상승하는 국면에서 이 전쟁은 유럽 지역의 가속을 더 배가시켰을 것이다. 위에서 말한 GDP 성장률에 대한 이유와 동일하다. 결국 이 두 가지를 결합하면 미국이 유로존 대비 성장률 면에서는 덜 부진하고, 인플레이션 측면에서는 전쟁에 영향을 덜 받게 된다. 이런 이유로 전쟁은 달러화의 강세, 유로화의 약세를 촉발했다.

달러화 강세는 결국 비 달러 자산의 회피, 안전 자산인 달러로의 자금 유입을 이끈다. 주식시장 측면에서는 비우호적인 외국인 수급을 야기시키는 요인이 되므로 시장 수급적인 측면에 전쟁이 악재로 작용했다고 보는 게 단순한 해석이다.

환율은 코스피와의 상관계수가 -0.23 수준으로 낮은 음의 관계를 보인다. 따라서 약세를 보이던 환율이 되돌림 흐름을 보일 경우 간헐적 외국인 순매수가 발생한다. 그리고 1,200원대에서 1,100원대로 추세적으로 진입하는 구간에서는 매수세 역시 추세적으로 발생하므로 이러한 흐름에서는 전쟁의 안정을 먼저 관찰해야 할 것이다.

또 전쟁은 유가에 직접적으로 영향을 주었다. 물론 현재 유가가 하락하면서 WTI 기준 90달러대로 진입했지만 이마저도 하향 돌파하려는 기미가 보이기 시작했다. 러시아에서 나오는 원유는 약 180만b/d(배럴/일)이다. 그런데 러시아 전쟁으로 인한 제재로 러시아 이외의 지역에 원유가 공급되지 못하면 유럽을 중심으로 글로벌 유가 수급은 심각한 타격을 입게 된다. 공급 부족 사태가 발생할 것이라는 우려는 원유 선물시장에 '리스크 프리미엄'을 부여했고 원유의 가격이 급등하는 사태로 진행되었다.

그러나 시간이 지나자 인도, 중국이 러시아 원유를 수입해 정상 가동하고 있다는 점이 확인되면서 글로벌 수급 교란에 대한 우려가 잦아들기 시작했다. 미국의 사우디 증산 압박 등의 영향으로 과도하게 부여되었던 '리스크 프리미엄'이 제거되기 시작하면서 유가 역시 하락세를 보이게 된 것이다. 물론 경기 둔화 우려에 따른 수요 둔화 우려가 동반되기는 했으나, 이 점은 앞서 첫 번째로 설명한 인플레이션에 대한 우려를 제거시키는 직접적인 원인이기도 했다. 유가는 이러한 급등락을 통해 시장에 변동성을 제공하면서 지수 측면에서는 고난의 시기를 제공했으나, 산업·섹터 측면에서는 새로운 투자 기회를 제공하기도 했다.

코로나19로 인해 플랫폼 기업들의 발전 속도가 빨라졌던 것처럼 이 전쟁을 계기로 '에너지 패러다임'의 변화가 촉진될 것이라 필자는 판단한다. 결과적으로 에너지 안보에 대한 자각과 인플레이션에 대한 대응이 임시방편이 아닌 장기적인 국가적 로드맵으로 설정되었고, 기존의 안들을 더욱 구체화시키고, 실행을 당기게 되는 데 큰 영향력을 미친 것이다. 미국의 경우 '인플레이션 방지법'을 통과시키면서 해당 산업에 대해 보조금을 지급하는 등 정책적인 지원을 본격화했고, 태양광, 풍력 산업을 포함해 원전에 대한 필요성 역시 재부각했다. 에너지원에 대한 다양한 대응책과 산업

사이클에 대한 재평가가 동반되면서, 신재생 산업에 더해 2차전지 (전기차), 조선(LNG) 산업에 대한 투자 모멘텀도 제공했다.

사실 유가에 대한 설비투자capex는 크게 발생하지 않는다. '그린 에너지로의 변화'라는 큰 패러다임이 존재하므로 현재 사업자들은 무리해서 증설하려 하지 않고, 현재 좋은 가격을 향유하려고만 할 것이다. 상황이 이렇다 보니 '리스크 프리미엄'이 제거되면 본래의 정상적인 수급에 따른 가격 정상화가 진행될 것이고, 이런 부분이 경기민감주cyclical sector 본연의 특성인 사이클을 형성하게 되면서 관련 산업·섹터들의 순환매와 짧은 트레이딩이 병행하는 현상이 보여질 것이다. 이렇게 한 번 전환점을 맞이하게 되면 장기간 구조 조정을 거친 산업의 경우 오히려 다시 돌아온 시장을 독점 또는 과 점하게 되는 보상이 주어질 수 있다. 여기서 큰 기회가 발생할 것이다. 우리는 전쟁 뒤에 존재하는 큰 시장에 대응하는 측면도 염두에 두어야 한다.

반도체 동맹 및 미·중 갈등

뉴스 경제면에 주요 이슈로 등장한 것이 칩4Chip4 즉, 반도체 동맹이다. 칩4는 미국 주도로 펼쳐지는 미국, 대만, 한국, 일본의 반도체 동맹이며 안정적인 반도체 생산 및 공급을 통해 중국을 견제하려는 의도를 담고 있다. 하지만 반도체 생산의 68%가량을 중국에 수출하는 한국의 입장에서는 난감할 때가 많다. 우리나라의 외

교부 장관이 중국을 방문해 한국의 입장을 설명하고 왔다는 뉴스를 접했을 것이다. 바로 이런 이유에 근거한다.

2022년 8월 직전을 생각해 보면 칩4에서 한국의 비중을 대강 짐작해 볼 수 있었다. 바이든 대통령의 아시아 첫 순방국으로 한국이 선택되었으며, 이때 IPEF(인도태평양경제협력회의)의 가입을 종용받았다. 바이든 대통령의 순회 당시 일본보다 한국에 먼저 방문한 이유도 그만큼 얻을 것이 있었기 때문이라고 필자는 생각한다. 한국에 2차전지와 반도체가 있기 때문이다.

정치적 측면으로 인해 한국이 난처한 국면에 처하게 될 수도 있지만, 산업 측면에서는 확실하게 성장하는 하이테크 산업의 핵심 밸류체인에 한국 기업들이 전면에 등장하면서 산업의 전반적인 낙수효과를 기대할 수 있게 되는 대형 이벤트로 이어질 것이다.

2차전지, 바이오, 반도체 등 장기간 성장이 전망되는 신성장 산업으로 보면 한국 기업들이 글로벌 1~3위의 좋은 포지션을 차지하는 경우가 많다. 이런 기업들이 미국의 투자에 공식적으로 초청받으면서 대규모 투자를 병행한다면 이는 국내 기업과 이 밸류체인에 속한 기업들에게 더 없이 좋은 성장의 기회로 작용할 것이다.

성장하는 곳에 투자가 있고, 투자가 있으면 자연스럽게 생산 시설의 증가로 이어진다. 즉 설비투자capex를 통해 케파capa(생산량)가 증가하고, 성장하는 산업에서의 보장된 수요가 이 증가된 케파를 메운다면 해당 기업들의 실적 방향성은 명확해진다. 다르게 표현하면, 케파를 증설한 기업들의 미래 실적 가시성이 높아지면서 해당 주식은 명확한 실적성장주로 등장하게 된다. 이러한 현상은 시장이 어려웠던 2022년 3~5월 구간에, 반도체 섹터의 소재 업체들이 신고가를 경신하는 현상을 보여준 것 등에서 확인할 수 있다. 2분기 실적 발표를 기점으로 증명될 2차전지 소재 업체들 역시 이러한 측면에서의 증거가 된다.

글로벌 2강인 미국과 중국이 서로 싸우면서 우리나라는 각종 동맹을 요구받고 있지만 우리의 포지셔닝이 잘된다면 이 또한 새로운 기회 요인이 된다. 2022년 초 앨런 재무부장관이 사용한 '프렌드 쇼어링'이 그 기회다. 트럼프 대통령 시절에는 '미국에 들어와서 생산하라!'라는 '온쇼어링'이 주로 등장했으나, 이제는 그 물리적인 한계를 인정하고 동맹국간의 관계 강화 및 산업 밸류체인상에서의 핵심 국가와 기업들이 명확하게 세력을 형성하도록 돕는 모습이다. 마치 하나의 팀team으로 영역을 구축하게 되는 것이다.

이에 확실하게 수혜를 받을 수 있는 해당 산업의 핵심 밸류체인에 집중 투자를 병행하면 장기 또는 단기 관점에서 모두 좋은 기회를 얻을 것이다. 그리고 이것이 앞서 설명한 두 가지 포인트, '지금의 변동성이 코로나19와 전쟁에 의한 착시 효과였다면?'에 대한 이후 대응책이 되지 않을까?

> ≫ 항상 투자 환경을 돌아보자. 급변동하는 시황 속에서 우왕좌왕하다 보면 결국 큰 흐름을 놓치게 된다. 되돌아보고 한 타이밍 쉬면서 다음을 준비하는 것도 투자다. 시황이 정리가 되면 다음 투자 전략이 수립될 것이다.

9월: '도돌이표'와 '태조이방원'

도돌이표 마켓

7월부터 반등세를 보이던 증시는 미국 잭슨홀 미팅을 기점으로 다시 상승분을 반납하면서 약세 흐름을 연출했다. Fed의 행보가 특별히 바뀐 것은 없는데, 어찌 보면 시장이 혼자서 Fed에 대해 기대와 실망을 거듭하다 변동성만 더 커진 국면이었다.

2022년 8월에 있었던 잭슨홀 미팅의 주제는 '경제와 정책의 제약 조건에 대한 재평가Reassessing Constraints on the Economy and Policy'였다. 이것을 다르게 표현하자면 'Fed 정책에 대한 신뢰성 확보'라고 할 수 있겠다. 생각을 해보면 Fed는 이번 잭슨홀 미팅에서 시장 친화적인 얘기를 할 이유가 전혀 없었다. 그럼에도 불구하고, 그 사이 원자재 가격들이 하락하며 인플레이션 피크 아웃에 대한 기대감이 생기다 보니, 시장 참여자들은 Fed가 매파적인 스탠스를 일부 완화할 것을 기대한 것 같다. 하지만 파월 의장은 단호하게 '인플레이션 파이터Inflation fighter' 역할을 강조했으며, 이에 실망한 시장은 상승분을 반납하는 형태를 보였다. 8월 CPI 역시 예상치를 상회하면서 지수는 다시 약세 흐름을 보였다.

이러한 사유로 주식시장은 '좋은 것은 나쁜 것이고, 나쁜 것은 좋은 것이다Good is bad, Bad is Good' 형태를 띄게 되었다. 즉 '인플레이션 우려 → 긴축 통화 정책 강화 → 경기 둔화 우려 → 수요 둔화 및 원자재 가격 하락 → 긴축 통화 정책 완화'의 틀 속에서 지속적인 '도돌이표'가 발생하는 것이다.

각종 지표들이 좋은 것은 좋게, 나쁜 것은 나쁘게 혼재되어 발표되었고, 해석도 하기 나름인 구간이라 탑다운Top-down(산업을 먼저 분석하고 이후 개별 종목에 접근하는 투자법) 접근법으로 시장을 보면 지수 자체에 대한 매력이 느껴지지 않게 되는 형국이었다. 그러는 중 시장의 종목 장세가 펼쳐졌다.

결국 Fed의 통화 정책에 의한 시장의 변동성은 멀티플의 변동성으로 직결된다. Fed가 매파적 스탠스인 경우 성장주들의 하락이 나타나고, 매파적 스탠스 완화인 경우 성장주들의 급등이 동반된다.

추석 연휴 기간 동안의 이슈를 보면 우크라이나의 영토 일부 회복에 따른 러시아의 휴전 가능성, 유로존의 75bp 금리 인상이라는 자이언트 스텝Giant Step에 의한 유로화 일부 강세, 중국 물가 약세 및 부양책에 따른 위안화 안정화 등이 맞물렸다. 시장의 멀티플에 영향을 끼치는 요인들의 안정화가 미국 성장주 반등으로 연결되면서 강한 되돌림이 연출됐다.

이러한 측면에서 우리는 Fed 정책의 실망감에 따른 지수 하락 되돌림에 대한 대비를 위에서 설명한 구조로 준비하면 되겠다.

'태조이방원' 장세

2022년 3분기 주식시장의 키 포인트key point가 '인플레이션 피크 아웃'이었다면 4분기는 '달러 피크 아웃'이 될 것이라고 필자는 판단했다. Fed 인사들의 지속적인 매파 발언에도 불구하고, 시장에 대한 통화 정책의 영향력은 시간이 갈수록 감소하고 있었다. 이는 지속적으로 시장에 프라이싱된 결과물이기도 했다. 그렇다고 달러 피크 아웃에 대한 명확한 근거가 있는 것도 아니었다.

앞서 언급했던 도돌이표 장세를 거치면서 시장은 실적의 확실성과 모멘텀이 동시에 작동한, 소위 말하는 '태조이방원' 섹터에 열광하는 현상을 보이고 있었다. 과거 '차화정(자동차, 화학, 정유)', '전차군단(IT, 자동차)', '중국소비주(화장품, 면세점 등)', 'BBIG(배터리, 바이오, 인터넷, 게임)'와 더불어 테마를 지칭하는 신규 단어가 탄생한 것이다. 어찌 보면 지수가 하락하는 구간에서도 이 섹터들에 대해서는 활황기의 투자 사이클을 연상케 할 정도로 강한 시세가 연출되었다.

즉 실적 성장, 펀더멘탈 개선, 모멘텀 제공이라는 정상적인 투자의 메커니즘이 시황과는 다르게 정상 작동했다.

'태조이방원(태양광, 조선, 2차전지, 방산, 원전)' 섹터를 분석해 보면 2차전지를 제외한 나머지 4개의 섹터는 모두 턴어라운드 산업이다. 그것도 대부분 최소 10년 이상 구조조정을 거친 산업이다 보니, 업계 재편은 자연스럽게 마무리되어 있었다. 또 장치 산업이다 보니 신규 진입 장벽 역시 높아서 '고난의 행군'을 이겨낸 소수의 기업들이 지금 발생한 사이클의 수혜를 직접적으로 다 받을 수 있는 구조였던 것이다. 따라서 불확실성에 변동성만 커지는 시장에서 확실한 수주와 실적 성장의 방향성을 보여준 이 섹터들에 대해 투자자들은 열광할 수밖에 없었다. 이에 더해 유일한 성장주인 2차전지 섹터는 지속적인 모멘텀과 실적 성장을 통해 주도주의 지위를 장기간 유지하고 있으며, 2022년부터는 케파 증가의 효과를 증명하고 있다.

당시 이 섹터들은 급등의 결과로 차익 실현이 동반되면서 변동성이 커지는 구간에 진입했다. 하지만 '에너지 패러다임'의 변화라는 큰 그림에 산업의 턴어라운드가 결합되어 있다는 점에서 '태조이방원'을 테마로만 취급하기에는 이른 감이 있다고 판단되었다.

시장 대응에 있어 가장 중요한 점은 '태조이방원' 섹터가 5개라는 점이다. 즉 투자를 할 수 있는 섹터, 대안이 5개나 된다는 점에서 지수는 박스권에 갇히더라도 종목 장세의 연출을 지속적으로 지지할 수 있는 요인이라고 판단되었다. 따라서 시장이 도돌이표라고 한다면, 이 섹터 내에서의 순환매 대응 역시 효과적일 것이다. 물론 순환매 대응은 타이밍과 종목의 옥석 가리기가 중요하다는 점을 잊어서는 안 될 것이다. 그리고 '태조이방원'이라고 해서 이 섹터만 강조하는 것은 아니다. 탑다운에서는 '도돌이표'일 수 있겠으나, 바텀업에서는 '태조이방원+α'일 수 있다는 점을 생각하며 순환매에 현명하게 대응해야 했다.

» 명확한 모멘텀과 실적이 결합하는 주식은 대형 테마를 형성시킨다. 그리고 테마는 기대감에 급등하고, 모멘텀 공백 기간에 급락을 동반하지만 실적이 뒷받침되면 결국 펀더멘탈에 귀결하여 적정가로 회귀하게 된다. 이 과정을 거쳐 옥석 가리기는 진행될 것이며, 테마를 형성하는 현상 자체에서 시황과 산업에 대한 의미를 찾으면 매크로에 덜 민감한 투자를 할 수 있을 것이다.

10월: 희망고문일까? 코스피 반등의 마지막 퍼즐일까?

9월의 핵심 키워드는 '도돌이표'와 '태조이방원'이었다. 도돌이표는 탑다운에서 시장을 표현한 것이었고, 이에 대한 핵심 요약은 '좋은 게 나쁘고, 나쁜 게 좋다Good is bad, Bad is good'였다. 즉 인플레이션과 이에 따른 Fed의 정책이 시장에 즉각 프라이싱되었으며, 이로 인한 밸류에이션 하향 조정이 마무리되었으니 3분기 실적 시즌에 실적 하향 조정폭만 결정된다면 지수의 하방 테스트는 가능할 것으로 판단되며, 악재의 완화와 호실적이라는 측면에서 지수의 반등이 가능할 것이라는 예측이었다.

이로부터 한 달이 지난 2022년 10월 중순의 상황을 간략하게 요약해 보겠다. 10월은 2022년 9월 미국 CPI를 확인하면서 Fed에서의 금리 인상 가이드라인보다 1단계씩 상향하는 시장의 전망치까지가 반영된 것으로 파악되었다. 본격적인 실적 시즌을 통해 3분기 실적도 조금씩 확인 과정을 거치고 있었다. 사실 이것이 반등의 핵심이라고 필자는 판단했다. '더 이상 낮아질 것 없는 밸류에이션과 생각보다는 양호한 실적'이 핵심인 것이었다.

물론 그 사이 시장은 급락을 거듭했다. 코스피 2000선도 깨질 것처럼 무섭게 하락했지만, 결국 2134선을 저점으로 하방을 지켜냈으며 2250선에 도달한 상태였다. 그리고 3분기 실적이 발표되면서 호실적주는 다시 전고점 돌파를 시도하는 과정에 있었다. 결국 매크로 측면에서 시장은 '도돌이표' 그 자체였으며, 종목 장세는 옥석 가리기가 동반되었으나 '태조이방원' 그 자체였다. 이러한 과정에서 시장 참가자들이 가장 많이 고민하는 이슈가 추가로 발생했다.

바로 코스피 대표주인 반도체 종목의 반등이었다.

2022년 10월 들어 외국인은 연일 순매수 상태를 보였다. 원달러 환율이 1,430원을 넘어서는 상황까지 왔음에도 불구하고, 10월에 들어서는 거의 2조 원에 가까운 순매수를 보였는데, 이는 인플레이션 피크 아웃 확인에 따른 낙폭과대주의 저가 매수와 환율의 변곡점 형성 가능성에 대한 선제적 대응 정도로 파악된다. 따라서 아직은 인덱스 플레이 정도로 해석할 수 있는데 향후 추세를 좀 더 지켜볼 필요가 있겠다. 실제 외국인 매수로 시장 바닥을 형성했다고 판단하기엔 아직 부족한 면이 많은 것이 사실이다.

이런 상황에서 약세장임에도 예상보다 강한 반등세를 보이는 반도체 주식에 대해 투자자들의 고민이 당연히 많아질 수밖에 없을 것이었다. 태조이방원처럼 팔아도 아쉬울 것이 없게 시세를 낸 주식도 있지만 반도체, 바이오 등은 1~2년간 반등다운 반등 한 번 주지 않고 약세 흐름을 이어간 섹터들이었다. 하지만 절대적인 가격 매력이 반등장에서 작동을 하게 되면 이 또한 투자에 있어서 고민거리가 된다. 실제로 펀드매니저들이 가장 많이 받는 스트레스이기도 하다.

반도체 산업을 흔히 경기순환Cyclical 산업이라고 한다. 수요와 공급, 경기에 따라 변동성이 크며 한 번 사이클이 형성되면 일정 기간 추세를 만드는데 국내의 경우에는 시가총액까지도 큰 주식이라 시장에 영향을 강하게 미치기 때문이다.

코로나19로 인해서 IT 수요가 강하게 발생했고, 이로 인해 일순간에 집중되었던 수요가 코로나로 완화되면서 둔화되기 시작했다. 그리고 경기 둔화, 전기료 인상 등 각종 사유로 데이터센터, IT 및 모바일 영역에서의 수요 감소 등이 동반되면서 반도체의 재고 증가가 발생했고, 이제는 수요 둔화에 따른 재고의 증가가 리스크 요인으로 대두되었다. 이에 시장은 대표 기업들이 향후 가이던스로 제시하는 수요와 공급 상황에 주목하면서 업황 바닥이 언제일지에 대해 고민하는 상황이다.

따라서 좋을 것이 없으며, 발표하는 실적 역시도 좋지 못하며, 전망치 역시 추가적인 하향 조정이 발생했다. 그럼에도 이 어려운 장에서 삼성전자는 저가로부터 10% 이상 상승한 상태였다. 결국은 절대적인 가격 매력이 투자에 대한 고민을 자극한 것이다. 이러다 보니 시장에서의 논리는 출하와 수요, 재고 수준에 따른 공급 밸런스의 균형점이 2023년 1~2분기 중에 형성될 것으로 예상된다. 그전에 공급 조절과 보수적인 설비투자가 병행될 것이고, 이것이 제품 가격의 하락을 잡아주면서 업황 바닥이 나올 것이다. 모든 악재의 반영은 이보다 선행하고, 이에 따라 주가도 선행하기에 이 정도 가격에 현재 시점 정도면 선제적으로 투자를 해봐도 되는 것 아닌지에 대한 전략이 작동한 것이라고 판단했다.

논리적으로 맞는 전략이나, 실제 업황이 따라주지 못할 경우에는 틀릴 수 있었다. 투자라는 것이 가능성과 보다 합리적인 논리에 대한 베팅의 영역이라고 본다면 현재 반도체 업황과 실제 주가는 시장 참여자들에게 희망고문일 수도 있다. 하지만 이런 상황이 지수 반등의 +α 요인이 될 수도 있을 것이라는 점은 2022년 4분기에 주목해야 할 투자 포인트다.

마지막으로 덧붙이자면, 앞서 설명한 내용은 특정 섹터와 종목에 투자하라는 의미보다는 이러한 현상이 현재 시장에 나타났으며, 어떻게 접근하면 좋은지에 대한 방법론적인 측면이다. 이 점을 독자들이 이해해 줬으면 하는 바람이다.

» 모두가 동의하는 시황은 발생하지 않는다. 모두가 기다리는 조정과 반등이 오지 않는 것과 같다. 특히나 경기순환 산업에 대해선 논리적인 인지를 하면서도 저점 매수가 어렵다. 하지만 경기순환 산업의 턴어라운드는 무서울 정도로 강한 시세를 동반한다. 지금 반도체에 대한 고민이 그런 것이다. 공포를 뚫고 투자를 할 타이밍을 항상 준비하자.

흔들리는 나무가 아닌 숲을 보자

미스터 마켓 2023 미리보기
Min(종목 장세, 불 마켓)

2023년 투자 전략 가이드라인

그간 기고했던 글들을 다시 살펴보니 2022년 한 해는 지수 하방을 찾아가는 과정이었다는 생각이 든다. 참으로 많은 일을 겪으면서 험난한 과정을 거쳐왔고, 결국 예상보다 낮은 레벨에서 저점이 형성되었다. 현재 시점은 투자자들의 하방 논리가 시간이 갈수록 강화되며 어느 정도 자신감이 생기는 상황이라고 판단된다.

당시 시점마다 나름의 논리로 시장에 대응했지만, 예상이 적중해서 포트폴리오가 효과적으로 작동되는 구간보다는 예상대로 안 되는 구간이 많았다. 그럼에도 지수나 주가에 대한 극한값을 보고온 상황에서 하방이 어느 정도 형성된 것 같다고 여겨진다면 이제 앞으로는 어떻게 해야 할 것인가에 대한 고민이 생긴다. 바로 이 점이 2023년도의 투자 전략이 될 것이다. 실제로 최근 필자가 다양한 고객군으로부터 가장 많이 받는 질문이기도 하다.

우선 매크로 논리로는 아직도 명확한 반등 포인트가 없기 때문에 설득력은 마이크로 논리 대비 상대적으로 약할 것이다. 필자도 이에 동의한다. 따라서 지수 레벨 자체를 떠나서 최소한의 종목 장세가 연출될 것이고, 마지막으로 남은 퍼즐이 맞춰지면 예상 외로 큰 장이 설 수 있다는 것을 전제로 하며 기본적인 대응 전략 자체를 설명하려 한다.

투자가 있는 곳에 실적이 있다(종목 장세)

2023년 시장 전망 자료를 수집하던 중 '투자가 있는 곳에 실적이 있다'라는 말에 적합한 차트를 발견했다. 앞서 미국향 수출이 늘고 있으며, 프렌드 쇼어링에 따른 수혜로 설비투자가 증가 추세에 있으며, 투자 뒤에 병행되는 수주는 미래의 실적이므로 이러한 부분에서 투자 종목을 발굴해야 한다고 주장했던 것과 같은 내용이다.

다음 차트는 한국의 미국·중국향 직접투자 금액과 제조업투자 금액의 수치 변화를 그린 것이다. 예상 외로 2010년대 중반부터 미국향 직접투자 금액이 증가하고 있으며, 2020년 이후로는 급증하고 있는 것을 알 수 있다.

그림 1-3 **한국의 대미, 대중 직접투자와 제조업투자 금액 추이**

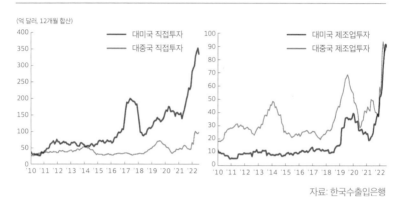

자료: 한국수출입은행

논리적으로 투자가 늘었다면 수출액도 늘어야 한다. 수출 금액을 같은 차트로 그려보면 아래와 같다.

그림 1-4 **한국의 대미, 대중 수출 금액과 증감률 추이**

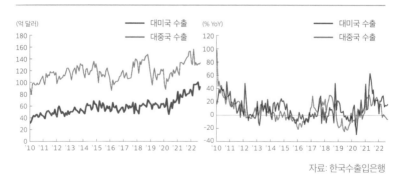

자료: 한국수출입은행

중국향 수출 금액은 120억 달러 수준에서 유지되는 형태인 데 반해, 미국향 수출 금액 자체는 증가하고 있다. 그리고 증감율을 보면 중국향 수출은 마이너스 영역을 보이기 시작했는데, 미국향 증감율은 플러스 증가세를 보이고 있다.

이런 정보와 함께 대표적인 추세가 확인되는 산업별로 구분해 살펴보면 시장의 주도주가 어떤 색깔을 보일 것인지에 대해 예상이 된다. 아래 차트는 미국향 직접투자와 수출 추이를 함께 표시한 것인데 시장 주도주가 왜 실적이 잘 나오고, 왜 계속해서 모멘텀이 강화되고 있는 것인지에 대해 한 번에 설명이 가능하다.

그림1-5 **한국의 산업별 미국향 직접투자와 수출액 추이**

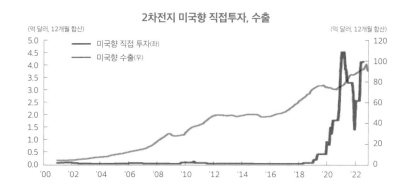

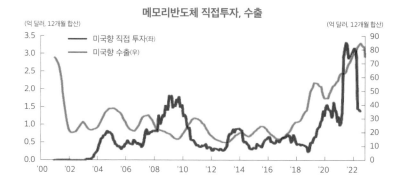

메모리반도체 직접투자, 수출

(억 달러, 12개월 합산)

(억 달러, 12개월 합산)

미국향 직접 투자(좌)
미국향 수출(우)

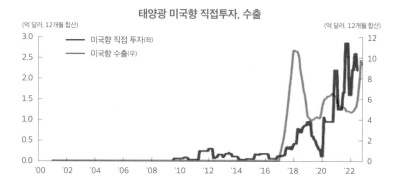

태양광 미국향 직접투자, 수출

(억 달러, 12개월 합산)

(억 달러, 12개월 합산)

미국향 직접 투자(좌)
미국향 수출(우)

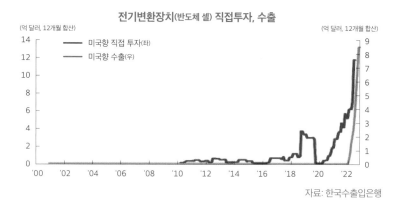

전기변환장치(반도체 셀) 직접투자, 수출

(억 달러, 12개월 합산)

(억 달러, 12개월 합산)

미국향 직접 투자(좌)
미국향 수출(우)

자료: 한국수출입은행

필자는 2022년 돌아보기에서 매크로 구조에서의 프렌드 쇼어링을 설명했다. 여기에 집중하자고 했던 것이 이미 시현되고 있었는데, 최근에 글로벌 신냉전 구조가 이를 더 촉발시킨 것이다. 이는 프렌드 쇼어링의 낙수효과 또는 IRA(인플레이션감축법)의 수혜주 등으로 포장이 되면서 모멘텀을 더욱 강화시키는 구조를 만들 것이다.

따라서 이를 바탕으로 지수 자체가 하방 경직성을 형성하면서 횡보 채널을 형성할지라도 '태조이방원'과 같은 강력한 모멘텀이 제공되는 산업은 시황과는 다르게 시세가 분출되는 형국이 언제라도 발생할 수 있다. 앞의 차트들이 보여주는 것처럼 확실한 투자가 있는 곳에는 자연스럽게 성장하는 실적이 동반되며 투자자들이 투자에 대한 확신을 가지게 만들어줄 것이다.

필자의 저서 『시대의 1등주를 찾아라』에서 항상 강조했던 부분과 일맥상통한다. 시대가 요구하는 성장이 있는 산업의 1등주에 투자를 하는 근간이 바로 이 내용인 것이고, 이러한 상황은 2023년에도 지속 반복될 것이다. 다만 여러 해 지속되는 산업과 종목이라면 옥석 가리기가 항상 병행될 것이므로 이에 대한 관리만 잘하면 되는 것이다.

불 마켓(Bull market)의 가능성 점검

앞서도 언급했지만 필자는 현재 시점에서 시장 바닥 논리가 어느 정도 강화되었다고 판단한다. 다만, 시장 급등에 대한 논리는 여전히 약한 것이 사실이다. 그래서 2023년 전망의 제목을 'Min(종목 장세, 불 마켓)'으로 한 것이다. Min은 엑셀 함수의 일종으로 설정한 범위 중 가장 최소값을 찾아내는 수식이다. 시장 급등이 어렵더라도 최소한의 종목 장세는 연출 가능하다는 필자의 생각을 표현한 것이다.

필자는 이런 주장에 대한 근거로 지수에 대해 밴드를 설정하는 표를 항상 보여주는데, 지금 시점에서는 이 밴드의 실적과 밸류에

그림 1-6 **미국 CPI(소비자물가지수)의 예상 경로 및 궤적**

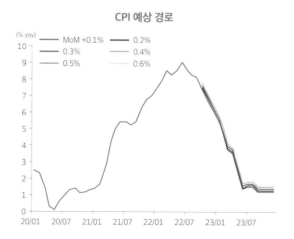

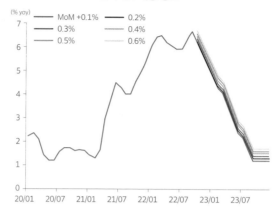

코어 CPI 예상 경로

(% yoy)

MoM +0.1%   0.2%
0.3%   0.4%
0.5%   0.6%

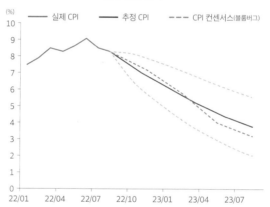

CPI 예상 궤적

(%)

실제 CPI   추정 CPI   CPI 컨센서스(블룸버그)

자료: US BLS

이선 모두를 상향 조정해서 지수를 설정하기가 만만치 않다. 하지만, 시장에서 악재로 판단하는 지표들의 흐름을 조합해 보면 어느 정도 희망의 시나리오가 형성된다. 이것이 우리가 2023년에 생각해 볼 수 있는 불 마켓의 퍼즐이 될 것이다.

앞의 차트는 필자가 항상 확인하고 있는 CPI 차트들이다. 수치 자체는 집필 시점인 2022년 11월을 기준으로 하며 인플레이션이 유지된다고 가정하고, 월별로 0.1~0.6%까지 인위적으로 오른다고 가정했을 때의 차트이다. 결국 현재 고점이 형성되면서 피크 아웃 하고 있으며, 2023년 2분기 정도에는 Fed가 원하는 수준까지 CPI 의 레벨이 낮아지는 그림이 만들어진다. 물론 기저효과가 주된 영향이다.

하지만 주식시장은 변곡점과 성장에 반응한다는 점에서 이미 변곡점에서의 지수는 하방경직성을 강화하는 모습으로 반응하고 있으며, 차트에서 보여지는 궤적이 실제로 실현되는 것인지에 대해서 시간을 가지고 관찰하게 될 것이다.

사실 요즘 필자가 애널리스트들을 만나면 꼭 하는 질문이 있다. "왜 인플레이션 목표치가 2%예요? 3%면 안 되나요?"이다. 사실 2%와 3%가 중요한 것인가를 고민하면 답이 없다. 필자는 변곡점이 1차적인 모멘텀을 제공할 것이라고 판단하며 2023년 미스터 마켓에서의 희망은 여기서 1차적으로 발생할 것이라고 생각한다.

CPI에 대한 민감도가 줄어든 상황에서 확인하고 싶은 CPI 항목은 주거비의 하락일 것이다. 금리 인상 시기에는 주택 가격이 영향을 받고, 후행적으로 주거비가 영향을 받는다는 것이 정설이다. 하지만 다음 차트를 보면 임금과 주거비가 오히려 설득력이 있다.

물론 양호한 고용 상황이지만 이 또한 변곡점이 형성되고 있다. 시장이 바라는 Fed의 속도 조절론에 대한 희망도 발생하고 있다. 고용이 양호하기에 생각보다 경기 둔화에 대한 체력이 강할 것이라는 점을 인지하고 있다면 막연한 경기 침체에 대한 두려움을 완화시키는 데 도움이 될 것이다.

그림 1-7 **미국의 경제 상황을 나타내는 각종 지표들**

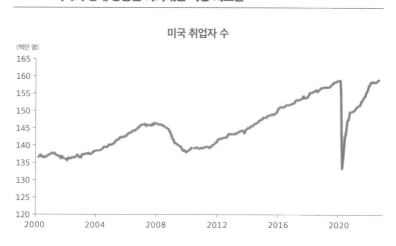

미국 취업자 수

구인/채용, 구입/실업 피크 아웃

임금과 주거비

(% YoY)

Rent of Primary Residence CPI — Atlanta Fed Wage Tracker

시간당 평균 임금

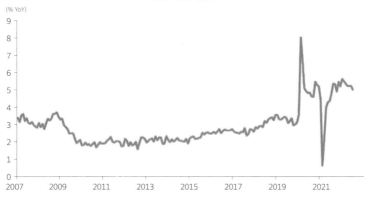

(% YoY)

이러한 시점에 이코노미스트들은 경기 주기상 2023년도 2분기에 선행 지수의 반등을 예상하고 있다. 공교롭게 CPI가 목표치에 도달할 것으로 예상되는 시점과 맞물린다. 즉 시장이 우려하는 인플레이션 지표는 하락해서 목표치에 도달하고, 시장이 걱정했던 경기가 바텀업하는 시점과 맞물릴 수 있는 것이다.

물론 해당 시점에 가서야 확인이 되는 것이지만 2023년을 전망하는 시점에서는 저 두 가지의 합이 시장의 반등을 견인할 수 있을 것이라는 논리가 형성될 수 있겠다. 그리고 ISM 제조업 지표의 신규 주문 지수 역시 리먼 사태와 코로나19 팬데믹 구간을 제외한 밴드 하단 구간까지 하락한 상황이므로 Fed의 추가적인 강세 행보에 제약이 생길 것이라는 것도 예상해 볼 수 있다.

따라서 이런 매크로 퍼즐이 완성되고 확인된다면, 1년 반 이상 약세 흐름을 이어온 시장이 호재에 민감하게 반응하는 장으로 변화될 수 있다는 점을 염두에 두는 것도 2023년 시장 대응 전략 수립에 유용할 것이다.

그림 1-8 **각종 선행 지수 및 전망치**

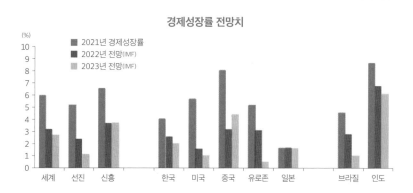

미국과 유럽의 GDP YoY 전망치

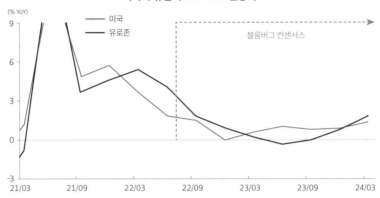

OECD 경기선행 지수

1990년 이후 ISM 제조업 지수: 신규 주문

주식시장 자금의 성격 변화를 파악하자

2020년 '동학개미', '주린이'라는 신조어를 탄생시키며 시장에 크게 유입되었던 자금이 2021년, 2022년을 거치면서 시장을 떠나기도 했고, 시장에 잠겨 있기도 한 상황이다. 그리고 투자자들은 이러한 과정을 거치며 주식에 대해 체험하고 공부하면서 투자의 기준과 판단의 레벨이 어느 정도 상향 조정되었을 것이다.

그리고 이제는 금리 인상 사이클을 맞이하고 있다. 제로금리 시절에는 시장 상품이 다양하게 소화가 된다. 왜냐하면 비교대상이 되는 '무위험 중수익'의 예금금리가 존재하지 않기 때문이다. 하지만 이제는 다르다. 지금 은행에 가면 '무위험 중수익' 수준의 금리 상품이 존재한다. 따라서 지금부터 주식시장에 남는 자금은 확실하게 주식스러운 고위험 고수익을 추구하게 될 가능성이 높다.

그리고 정치적인 이슈일 수도 있지만 외국인 투자자들 역시 MSCI EM(Emerging Market) 지수에서 중국 비중을 축소함에 따라 아시아 비중을 맞추기 위해 한국으로 자금을 이동시키는 움직임이 발생하고 있다. 즉 국내 시장에는 주식 수익률만 추구하는 국내 자금만 남는 상황에서 추가로 외국인의 인덱스 자금이 들어오는 형국이 되는 것이다.

따라서 시장에 투자 모멘텀이 제공되거나 지수의 반등이 가시화되면 시장은 과거와 다르게, 더 격하게 반응할 수 있다. 우리가 2020년 3월 이후 급반등을 경험했던 것도 이러한 맥락에서 이해가 되는 부분이다. 이러한 점이 수급적으로 불 마켓을 지원하고, 수혜를 받을 수 있는 시장이 되기를 한 사람의 투자자로서 바란다.

> » 매크로를 보면 여전히 혼란이 많지만 2023년 역시 최소한의 종목 장세가 펼쳐질 것이다. 그렇게 힘들었던 2022년도 '태조이방원'을 탄생시키는 종목 장세가 연출되었다. 그리고 시간이 지나 각종 매크로 지표들의 합이 맞아지는 시점이 예상대로 온다면, 2022년과는 다른 장세가 연출될 수 있다. 따라서 미스터 마켓 2023은 Min(종목장세, 불 마켓)이라는 수식으로 정리할 수 있겠다.

가장 논리적인 전략으로
미래가 명확하게 보이는 투자를 한다

세상의 모든 일이 그렇듯 세상에 벌어지는 모든 것을 수치로 표현하는 주식시장의 세계 역시 일어나는 모든 현상이 긴밀하게, 그리고 절묘하게 얽혀 있다. 인플레이션이 Fed를 움직였고, 러시아·우크라이나 전쟁이 인플레이션을 더욱 촉발시키면서 Fed의 명확한 스탠스를 부추기는 역할을 했다. 그러면서 또 경제 주체들은 살아남기 위해 인플레이션 대응책으로 법안과 정책을 구사하고 새로운 산업을 대안으로 가지고 나왔으며 시장은 이에 대해 재평가를 시작했다.

그리고 우려했던 것들이 완전한 해소는 아니어도 완화가 되니 성장하는 산업에 대해 펀더멘탈 측면에서 제대로 된 평가를 하기

흔들리는 나무가 아닌 숲을 보자

시작했다. 또 성장 산업을 가지고 있는 강대국은 명확한 편 가르기를 통해 산업의 밸류체인을 프렌드 쇼어링화하려는 모습이다. 그리고 국내 주식시장은 이에 대한 낙수효과를 기대하며 시세를 분출하기도 했다.

뭔가 어려운 것 같으나 단순하게 정리해 보면 방향성이 보이고, 복잡해 보이지만 오히려 명확한 대응법이 존재하는 곳이 바로 주식시장이다. 우리가 현재 직면하고 있는 지금의 시장 역시 다름이 없다고 판단되며, 시장에 대한 판단 역시 앞서 설명한 내용에서 벗어남이 없다고 필자는 생각한다.

필자가 시장에 대해 기회요인을 찾으려고 노력했다고 해서 예상 외의 'V자 반등'을 가정하는 것은 아니다. 역사적으로 시장의 'V자 반등'은 위기에 따른 파격적인 정책이 동반되었을 때만 나타났다. 그런데 지금은 이런 현상이 벌어진 시점이 아니라고 생각한다. 악재도 많지만, 이를 극복하기 위한 정책 역시 특별히 새로운 것이 없기 때문이다. 따라서 지속적으로 변동성 요인을 확인하고, 이를 극복할 만한 펀더멘탈을 재확인하면서 시장은 자기 자리를 잡아갈 것이다.

지금 명확한 것은 현재 기준에서 가정할 수 있는 요인으로 '지수의 저점은 확인한 것 아닐까?'라는 것이며, 우리를 혼란스럽게 했던 요인들이 '뭔가 신기루 같은 것이었을까?'라는 생각을 해보는 것이다. 이에 대한 답을 찾는 과정을 통해 우리가 대응해야 할 기준도 명확하게 보일 것이다.

2022년 한 해 동안 필자가 고객 및 투자자로부터 가장 많이 들었던 말이 "그때라도 팔았어야 했는데……"였다. 그런데 최근에 와서는 "그래, 그때라도 샀어야 했는데……"로 바뀌고 있다. 결국 모든 것은 지나고 나야 알 수 있다.

필자가 시장에 임하는 자세는 항상 그 순간에, 가장 논리적인 전략으로 대응하는 것이며, 미래가 명확하게 보이는 투자를 하는 것이다. 물론 당시의 판단과 투자의 실행이 실패의 결과물을 가져오는 경우도 많지만, 그럼에도 그 당시에는 그것이 최선의 투자라고 믿고 액션을 해왔다. 그러한 내용이 2022년도를 정리하면서 적은 글의 흔적으로 남았고, 2023년을 맞이하는 현재 시점에서 나름의 생각을 가장 심플하게 전달할 수 있는 내용이 되었다.

투자를 하는 우리에게 선택의 문제는 항상 따라오겠지만, "지나고 나서 보니 그때 그랬어야 했는데……"가 아닌, "그럼에도 불구하고 그것이 최선이었어"라는 생각이 들 수 있는 투자, 그리고 실제 좋은 결과물을 가져다줄 수 있는 투자를 위해 이 글이 조금이라도 도움되었으면 하는 바람이다.

모든 투자자들이 자신만의 기준과 전략을 갖길 바라는 마음으로 세 번째 미스터 마켓을 맞이하는 글을 마무리한다.

02장

지금은 '예측'이 아닌 '대응'으로 돌파한다

오종태
타이거자산운용 투자전략이사

MR. MARKET 2023

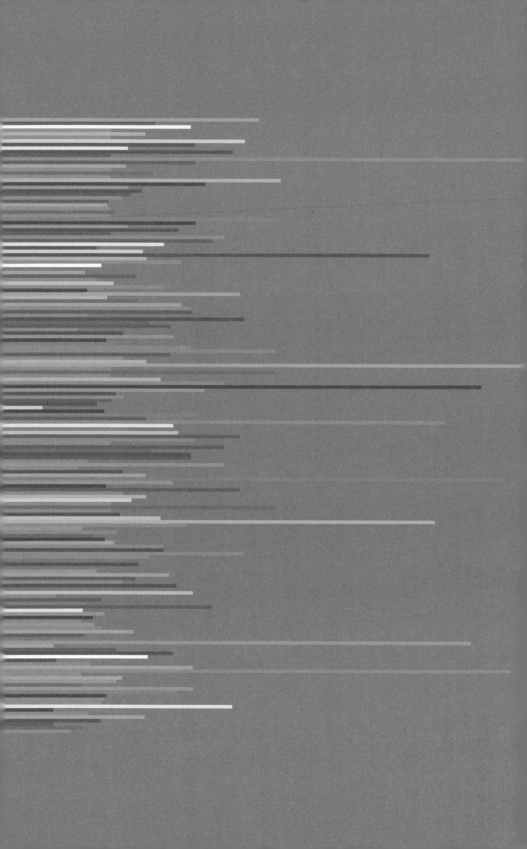

시장은 세 가지 요소를
중심으로 돌아간다

펀더멘탈, 유동성, 센티멘트

시장을 제대로 판단하기 위해서는 종합적인 면과 부분적인 면을 함께 고려해야 한다. 시장의 움직임은 '펀더멘탈, 유동성, 센티멘트'라는 세 가지 측면들이 연결되어 구성되는 현상의 합으로 바라볼 수 있다.

펀더멘탈Fundamental은 기업에 대한 개별적인 이해를 담은 마이크로Micro 요인과 경제 환경에 대한 전반적인 상황 분석을 바탕으로 하는 매크로Macro 요인의 합으로 구성된다. 대부분의 주식투자자들은 기업에 대한 분석의 중요도를 높게 반영시키기 때문에 펀더멘탈이라는 용어에 대해서 '마이크로 70% + 매크로 30%'의 비중으로 생각하는 경향이 있다. 필자의 생각에 주식투자자의 관점으로만 봤을 때 이 비중은 크게 문제되지 않는다. 하지만 투자를 둘러싼 세상을 설명할 때는 펀더멘탈 관점만으로는 부족하다. 일반적인 경제 환경하에서는 문제가 발생하지 않지만, 특별한 경제 환경이 발생하거나 정치와 같은 복잡성이 높은 변수들의 영향이 커지는 시점에서는 마이크로 중심의 펀더멘탈 접근이 적절한 수단으로 작용하지 못하기 때문이다.

유동성Liquidity은 경제 전체의 움직임과 중앙은행, 정부의 정책에 의해서 움직인다. 그렇기 때문에 변수의 성격은 매크로의 특성을 가진다. 세계 경제의 규모는 과거 100여 년 동안 지속적으로 확장하며 꾸준히 증가해 왔다. 특히 2008년 이후, 글로벌 경제 구조의 문제점을 해결하는 수단으로 미국 주도의 유동성 증가라는 방식이 마치 만병통치약처럼 사용됨으로써 더욱 급격하게 증가했다.

하지만 최근 몇 년 사이 진행되고 있는 세계화에서 탈세계화로의 전이는 이러한 유동성 규모의 방향성을 전환시키는 구조적 변화를 가져오고 있다. 미국은 유동성 증가 정책을 실행하는 데 있어서 낮은 물가 수준이 유지되어야 한다는 전제를 깔고 있다. 하지만 현재 진행되고 있는 탈세계화 현상으로 인해 공급 측면에서 인플레이션 상승 요인이 구조적으로 새롭게 발생했다. 수요 측면에서도 살펴보

자. 팬데믹 상황을 지나면서 노동 참여율이 구조적으로 낮아졌고, 과거에 비해서 강한 고용 시장 환경이 나타났다. 이로 인해 정책 당국에서 추구하는 적정 물가 수준을 유지하면서 그와 동시에 통화 정책을 실행하기가 어려워졌다.

센티멘트Sentiment는 가격의 움직임에 영향을 주는 요소로 투자자 각자의 의사결정 과정에서 작동하는 심리적 측면과 투자 집단 전체의 집단적인 심리로 구분할 수 있다. 코로나19 이후 몇 년간 소셜미디어를 통해 개인투자자들에게 인기를 얻는 주식이 생겨나는 밈MEME 현상을 보며 심리적 요인이 이전보다 비교할 수 없이 가격에 큰 영향을 주고 있는 상황을 몸소 경험하고 있다. 개인투자자 중심의 온라인 커뮤니티 활동이 게임스탑GameStop Corp, GME 주가를 6개월 동안 120배 상승시킨 것이 가장 대표적인 사례였다.

1+1+1은 정말 3일까?

여기서 주의를 기울여야 하는 점이 있다. 사람들은 구성 요소가 세 가지라고 하면 그 세 가지 요소를 분석하고, 그 내용을 더한 것이 전체의 종합이라고 생각하는 경향이 있다. 이처럼 부분들을 더한 것이 전체가 된다는 사고 구조는 매우 광범위하게 사용되고 있다. 하지만 과연 그럴까?

이러한 생각의 바탕에는 수학적 가정이 깔려 있다. 현재 우리가 활용하는 수학은 집합론을 근거로 하고 있다. 집합론은 분리되어 있는 개체들을 합하면 전체가 구성된다는 전통적 세계관을 명제화한 이론이다. 수학은 이제 인류의 모든 활동 중 가장 중요한 활동으로 인정받고 있다(물론 사람들이 인정하는 것과 반기는 것은 다르다). 하지만 정확성을 제공하는 수학의 역할은 반대로 과학이 탐구하는 개념적 영역을 제한하는 기능도 하고 있다.

경제학은 과학적 측면(합리적 범위)과 비과학적 측면(비합리적 범위)을 모두 다루어야 한다. 모든 것이 서로 연결되어 있고, 원인과 결과가 명확하지 않고 뒤섞인 경제 활동을 이해하는 모형은 질적인 접근이 필요하다. 수학은 추상을 다루는 것이지 현실을 다루는 것은 아니다. 수학이 제공하는 정확성이 주는 혜택을 잘 활용하면서, 그 한계와 경제 현상의 다른 현실적인 문제도 적절하게 반영해야 우리가 원하는 도구를 얻을 수 있다는 점을 인지해야 한다.

수학적 해법에서 특히 투자에 영향을 미치는 구조적 변화는 분포 곡선의 변화이다. 기존 경제 이론의 바탕에는 표준 정규 분포 Standard Normal Distribution(평균과 표준편차로 모양이 결정되는 정규 분포 중에서 평균이 0이고 표준편차가 1인 분포 N[0,1]을 나타냄)가 활용된다. 세상에서 일어나는 일들은 아주 특별하게 좋거나 나쁜 일보다 그저 그런 평균적인 일들이 발생하는 경향이 크다는 것은 따로 설명이 필요하지 않을 것이다. 다시 말해 확실히 독특한 현상의 비중은 적고 일반적인 현상의 비중은 높다. 만약 구조적인 변화로 인하여 독특한 현상의 발생 빈도가 증가한다면 그 현상의 독특함은 줄어든다.

정규 분포는 자연과 인간의 활동의 가장 일반적인 경우를 통계적으로 추정하여 사건의 분포 모양 중에서 가장 일반적인 경우를 나타낸 것이다. 하지만 구조적 변화가 발생하거나 관찰값들이 극단적으로 증가하는 등의 환경 변화가 발생하면 분포 구조는 변하게 된다. 과거 100번에 1~2번 발생하던 경제적 사건이 과학의 발전이나 정치적 변화로 인해 10~20번 발생한다면 그 사건은 특이한 사건에서 드문드문 발생하는 사건으로 성격이 변하게 된다.

반대로 과거에는 주가가 하락하는 상황에서 채권 가격은 상승하는 역의 관계가 90%의 확률로 발생하다가, 이제는 40~50%의 확률로 발생하고, 그 변화의 폭도 과거보다 훨씬 큰 폭으로 움직인다면 분포 곡선 자체가 변화한 것이라 판단할 수 있다. 분포 구조에서 표준편차Standard deviation는 관찰값들이 얼마나 흩어져 있는지 그 정도를 나타낸다. 이 값이 클수록 평균mean 근처에서 발생하는 일이 줄어들고, 평균에서 멀리 떨어진 사건의 발생 빈도는 증가한다. 경제적 현상의 분포 구조는 과학과 정치의 영향으로 인해 바뀌기도 한다. 과거에는 특별한 경우에 발생하는 사건이라고 여겨지던 일들이 더 자주 그리고 더 강하게 발생하고 있기 때문에 가장 일반적인 정규 분포로 해석하는 것에 대한 유용성이 감소하고 있는 것이다.

그림 2-1 **분포 곡선의 변화**

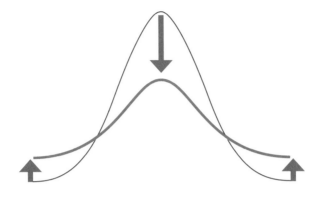

나심 니콜라스 탈레브Nassim Nicholas Taleb의 『블랙 스완Black Swan』도 이러한 현상에 대한 자세한 설명을 담고 있다. **현실을 더 잘 설명할 수 있는 방법이 있다면 방법은 달라져야 하고, 만약 현실을 제대로 설명할 수 없다면 새로운 방식의 이해가 만들어져야 한다.** 그래야 지금 우리를 둘러싼 상황을 제대로 바라볼 수 있다.

펀더멘탈, 유동성, 센티멘트 3가지 요소로 보는 현재와 미래

세상이 단순계에서 복잡계로 변화하고 있다

수학과 과학의 방법론으로 바라보는 경제 세계에서 경기순환 이론은 주류 이론이자 펀더멘탈로 경제를 해석하는 데 충분조건으로 사용된다. 즉 사이클에 따라 경기가 순환된다는 확실성의 세상에서의 판단 근거인 펀더멘탈로 미래를 '예측'하는 것이다.

필자가 제시하는 복잡계 방식은 앞서 설명한 세 가지 요소인 펀더멘탈, 유동성, 센티멘트 모두를 필요조건으로 설정하고 정해진 미래가 아닌 여러 가지 가능성(다음 장의 그림에서 점의 크기는 발생 확률의 크기)이 현실화되면서 만들어지는 미래를 이해의 확장을 통해

'추정'하고 '대응'하는 방식이다. 최근 Fed가 향후 경제 정책에 대한 방향 제시의 일환으로 발행하던 포워드 가이던스Forward Guidance를 제공하지 않기로 결정하고 점도표를 활용하는 변화도 그동안 경기순환 이론에 따라 만들어지던 정책 수단을 복잡계라는 경제 현실에 적합하게 조정하는 과정에서 나타난 것으로 보인다.

그림 2-2 **경기순환 이론과 복잡계 방식의 차이**

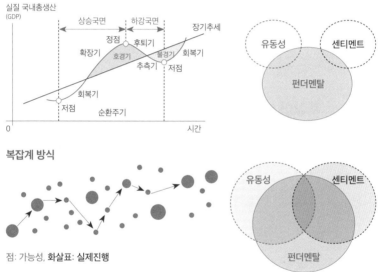

지금부터는 2022년 4분기에 접어들어 2023년을 바라보는 현 시점에서 바라본 세 가지 요인들의 흐름을 살펴보고자 한다.

1. 펀더멘탈

주식의 가격은 최종적으로 기업이익의 증감을 반영한다. 기업이익에는 내부적인 개별 요인과 경제 상황이라는 환경 요인이 함께 영향을 끼친다. 전 세계에서 가장 중요한 시장인 미국시장의 이익 흐름과 주가의 움직임을 함께 관찰하면 2021년 후반부터 기업이익(EPS: Earning Per Share, 주당순이익)의 증가율이 플러스 값을 유지하고 있지만 그 크기는 감소하고 있는 것을 확인할 수 있다.

그림 2-3 **하락 구간에 접어든 펀더멘탈(실적)**

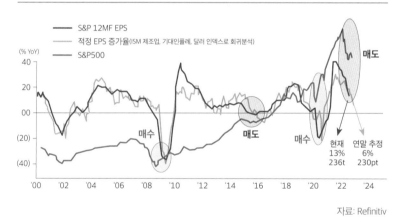

자료: Refinitiv

2022년에 들어 기업이익 증가에 대한 기대치가 지속적으로 감소하고, 2023년 기업이익에 대한 전망과 증가율도 낮아지고 있지만 여전히 시장은 전년대비 이익이 플러스 값을 유지할 것이라 추정하고 있다.

기업이익의 증가폭이 감소하거나, 증가에서 감소로 전환하는 시점은 차트에서 보듯이 주가에 부정적 요인이다. 차트에 표시한 것처럼 절대적 이익의 증감 전환 시점과 증가폭의 감소·증가는 시장의 방향성에 결정적인 변수로 작용한다.

하지만 세상에 예외 없는 법칙은 없다. 2011~2013년의 모습은 이익 증가율이 감소하는 측면에서 2021~2022년의 모습과 유사했다. 그럼에도 불구하고 2011~2013년의 지수는 양호한 흐름을 이어갔다. 이익의 증감과 함께 투자 매력도를 판단하는 데 핵심 변수인 벨류에이션의 차이가 컸던 것이다.

다음 장의 차트에서 점선박스로 표시한 2022년 이전 시기에 미국 주식시장은 과거 장기 평균 벨류에이션인 PER 16배 수준보다 낮은 가격에서 주식이 거래되고 있었다. 낮은 가격이 악재를 선반영하고 있었기 때문에 이익 흐름의 변화가 시장 벨류에이션이 높은 수준에 있을 때와는 다르게 영향을 준 것이다.

무더위에 내리는 비와 혹한기에 내리는 겨울비는 같은 비라도 전혀 다른 영향을 주는 것처럼 일관성이 강한 변수들도 간혹 다른 방식으로 시장 가격에 반영되는 것을 보여주는 사례이다.

경기 침체가 지속될 확률이 높고, 각국의 중앙은행이 금리를 올리는 환경이 전망되는 2023년에는 현재 추정치가 유지되기보다는 하향 조정될 확률을 고려할 필요가 있겠다.

그림 2-4 **밸류에이션에 따라 달라지는 지수 추이**

주: PER 12개월 고점대비 15% 하락 시기, 볼드체는 20% 이상 하락

자료: Refinitiv

2. 유동성

다음으로 유동성 측면을 살펴보자. 1950년대부터 낮은 기울기로 증가되던 유동성의 크기가 2008년 서브프라임 금융 위기 사태 이후 이전과 비교할 수 없는 폭으로 증가했다. 어떤 변수의 크기가 커졌다는 것은 그 영향력도 커진다는 것을 뜻한다. 기업의 가치평가에 중요도를 크게 두는 방식의 투자 기법은 이러한 구조적인 환경 변화를 반영하는 것이 지난 10여 년 동안 필요했다. 이러한 사이클 경제를 바탕으로 해왔던 경제 구조가 지금은 유동성의 바다가 된 것이다.

유동성(=통화량)에 대한 설명을 하기 앞서 펀더멘탈의 악화에도 불구하고 주가가 하락하지 않았던 2011~2013년의 시기를 다시 확인해 보자. 설명했듯 밸류에이션의 차이도 있었지만 해당 기간에 유동성이 증가한 것을 확인할 수 있다. 펀더멘탈의 악화를 유동성 증가가 일정 부분 상쇄시키는 효과가 발생한 것이다. **한 가지 요인이 전체 현상을 설명하는 충분조건이 아니라 여러 가지 핵심적인 변수들을 종합해서 해석해야 한다는 것을 보여주는 사례이다.**

그림 2-5 펀더멘탈의 악재를 일정 부분 상쇄시킨 유동성 확대

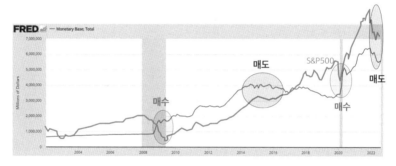

자료: Fred

다시 경제에서 유동성의 모습이 강에서 바다로 변화한 것에 대해 알아보자. 강에서는 바람이 거칠어지면 표면의 물결 일렁임이 커지고, 특정 구간에서 표면의 움직임이 강의 흐름 방향이 아니라 바람의 방향으로 역류하는 것처럼 보이는 현상이 나타난다. 그렇다고 강의 큰 흐름이 달라지는 것은 아니다. 하지만 바다에서는 상황이 다르다. 폭풍이 불면 집채만 한 파도가 만들어지고 모든 것을 삼켜버릴 것 같은 움직임이 발생한다. 구조가 바뀌면 같은 현상이 다른 결과를 가져오게 된다. 경제 환경에서 급격한 유동성의 증가로 발생하는 금리와 통화량 정책이 자산 가격에 미치는 영향은 이전과 비교할 수 없는 강도로 커졌다.

앞으로 금리 인상과 양적긴축 정책이 동시에 진행되면서 상당 기간 유동성 감소세가 유지될 전망이다. 주식시장 측면에서는 이러한 정책이 증가로까지 전환되지는 못하더라도 일정 수준을 유지하는 정책으로 변화할 수 있다는 기대가 형성되어야 이전보다 긍정적인 논리가 만들어질 수 있다.

현재 진행 중인 여러 가지 정책들은 과거의 상황에 적용되었던 측면과 새롭게 발생하는 측면을 모두 포함하고 있다. 장기적으로 보면 세계화가 진행되는 구간에서는 글로벌 유동성이 증가하고, 지역화가 강화되는 구간에서는 감소하는 현상을 보인다. 정치적 긴장의 증가는 경제적 활동의 위축을 가져오기 때문이다. 현재 진행되고 있는 탈세계화의 시작을 2018년의 미·중 갈등이라고 해석하는 견해가 지배적이지만, 무역개방지수The trade openness index(상품과 수입의 수출과 수입을 더한 총액을 GDP로 나누는 것)의 흐름은 이미 2008년부터 감소세가 진행되고 있는 것을 확인할 수 있다.

표면에 나타나는 현상은 기저의 활동이 어느 정도 쌓이고 난 후에 사람들의 시선에 들어온다. 2008년 서브프라임 사태는 미국의 사회·정치·경제 등 다양한 측면의 문제들을 표면으로 부각시면서 미국 사회의 약점들을 드러내는 계기가 되었다. 2018년 미·중 갈등의 격화라는 시점도 2008년부터 시작된 미국의 변화가 다른 세력의 정책 변화에 계기가 되었을 수 있다는 가능성을 아래의 차트에서 이야기하고 있다.

그림 2-6 **1870~2017년 글로벌 이슈에 따른 무역개방지수 수치 추이**

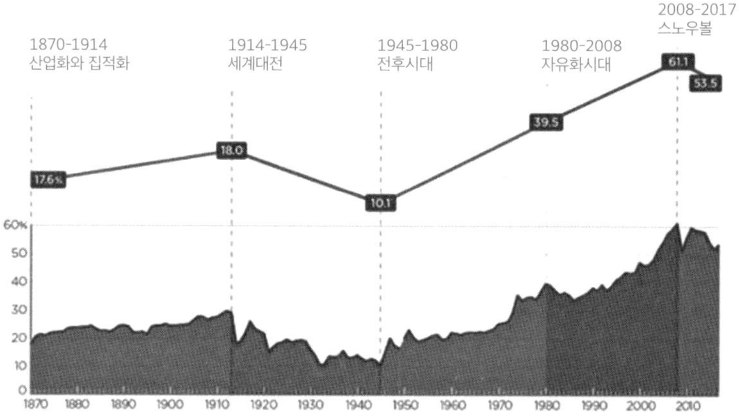

				2008-2017 스노우볼
1870-1914 산업화와 집적화	1914-1945 세계대전	1945-1980 전후시대	1980-2008 자유화시대	

자료: PIIE, Our World in Data

시대의 상황에 따라 상식이라는 개념에도 변화가 발생한다. 앞으로는 강력한 세계화가 진행되던 1945~2008년까지의 구간의 상식들 중 지금까지 유지되는 부분, 과거의 탈세계화 구간(1910~1945년)에서 적용되던 방식 중 다시 중요성을 띄는 부분, 이전에 전혀 등장하지 않았던 새로운 현상에 따른 부분들이 함께 공존하게 될 것이다.

공유되는 믿음을 뜻하는 단어 'commom sense(상식)'는 아리스토텔레스의 글에 'Aisthēsis Koinē'라는 희랍어로 표기되어 있다. 이는 오감(五感, five senses)이라는 용어로 감각을 시각·청각·후각·미각·촉각으로 나누는 아리스토텔레스의 견해이자 방식이다. 현재 감각의 종류는 훨씬 더 다양한 구분을 사용하고 있다. 평형 감각 등 다양한 감각 체계에 대한 이해로도 확장되고 있다. 우리의 의식은 대상, 배경, 추상적이거나 감정적인 특징을 하나의 경험으로 결합한다. 이 과정에서 지각하는 것이 아니라 하나로 통합된 상태를 통해 경험하게 된다. **개별 요인들의 변화뿐만 아니라 통합 과정에서 형성되는 요인들도 전체적인 현상을 정확하게 이해하기 위해서는 주의를 기울여야 한다.**

3. 센티멘트

약세장이 1년 넘게 지속되면서 시장은 급격한 변동을 경험하고 있다. 2022년 초부터는 미국시장까지 약세로 접어들면서 현재 하이먼 민스키Hyman Minsky의 모델 흐름 중 '공포 → 투매 → 좌절'의 단계에 접한 모습이다. 투자자에게 가장 높은 난이도의 단계다.

하이먼 민스키 모델은 인간의 집단적인 움직임에 대한 깊은

그림 2-7 **하이먼 민스키의 시장 흐름 모델**

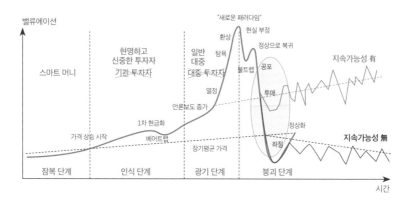

이해를 담고 있어서 투자에 필요한 지혜를 제공한다. 이 모델은 2000년 IT버블 현상을 바탕으로 만들어졌다. 이를 통해 정보통신 기술의 발전이라는 과학의 영향과 과거와 비교할 수 없이 커진 기저 유동성의 증가 속에서 차트를 보는 방식을 업그레이드할 수 있게 되었다고 필자는 생각한다.

유튜브를 필두로 유용한 정보와 지식의 유통 속도가 빨라지고 광범위해지면서 과거에 기관투자자가 가지고 있던 경쟁우위는 대부분 사라졌다. 과거에는 전문투자자가 아니고선 하이먼 민스키 모델에서 나타나는 네 가지 단계를 구분하기 위해 필요한 정보와 지식을 접하기 어려웠지만, 이제는 시장이 현재 어느 단계의 성향을 가지는지 파악하는 데 필요한 정보와 지식이 필요한 만큼의 관심과 노력을 들인다면 충분히 얻을 수 있는 세상이 되었다. 정보의 제약이 줄어들면서 개인투자자도 충분히 올바른 투자 전략을 세울 수 있는 시대가 된 것이다. 앞의 차트에서 기관투자자와 대중투자자를 현명하고 신중한 투자자와 일반 대중으로 고친 이유의 배경이다.

약세장이 진행되고 있지만 경제 시스템에 존재하는 거대 유동성은 과거와 다르게 빠른 속도로 줄어들지 않는다. 그 결과 과거 '공포 → 투매 → 좌절'의 구간으로 인한 유동성 감소 효과로 우량 기업과 불량 기업의 주가가 동시에 무차별적으로 하락하는 현상이 나타났지만 이제는 지속가능성의 유무에 따라 차별화가 발생할 가능성이 높아졌다.

세상이 복잡해졌다면,
문제를 푸는 방법도 복잡해져야 한다

구조의 변화와 지속가능성에 초점을 맞추자

우리는 언제나 표면의 현상에 지나치게 집중하지 말고 구조의 변화와 지속가능성에 초점을 맞추어야 한다. 구조의 변화가 발생한 경우에도 그 변화가 지속가능하지 않다면 또 다른 구조적 변화가 발생하거나 과거의 구조로 되돌아가게 된다. 정치에서는 이러한 상황에 다른 용어를 부여한 사례가 있다. 기존의 정권을 바꾸고자 하는 시도가 성공하여 지속성이 생기면 우리는 그 사건을 '혁명'이라 부르고, 그 시도가 삼일천하로 끝나면 '쿠데타'라고 부르는 것이 바로 그 일례다.

아래 차트는 필자가 2022년 4월 27일 「삼프로TV」 방송에 출연해 설명한 내용이다. 필자는 방송에서 2020년 이후 여러 가지 요인들 때문에 경제 환경에 하나가 아닌 두 가지 이상의 특성이 함께 존재하는 것을 'K자형 경제'라는 용어로 설명했다.

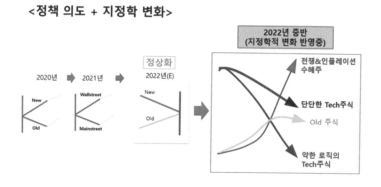

자료: 삼프로TV

2020년은 전 세계를 흔들었던 코로나19로 인해 경제의 형태가 '질병의 영향에서 자유로운 데이터Data 기반 경제 구조'와 '질병의 영향에 큰 피해를 받는 기존 실물 경제 구조'라는 두 층위로 뚜렷하게 나뉘었다.

게다가 정부가 코로나19 사태에 대응하기 위해 사용한 정책들

은 금융시장을 통하여 기존 경제 구조보다 데이터 경제 구조에 대한 선호도를 증가시키면서 더욱 더 그 차이를 키웠다. 2021년에 들어서자 정부는 코로나19의 피해와 상대적 소외감에 시달리던 실물 경제를 바탕으로 하는 구경제Old Economy 분야에 대한 지원책을 집중했고 시장 기능이 강하게 작동하는 데이터 경제 기반의 신경제New economy의 성장과 구경제의 괴리를 줄이려는 노력을 이어갔다.

이러한 통화 완화 정책이 유지될 수 있었던 핵심 이유이자 배경 중 하나는 당시 낮은 물가가 유지되고 있었다는 것이다. 하지만 2022년에 들어서면서 예상보다 길어진 코로나19 봉쇄 정책에 따른 공급망 이슈와 러시아·우크라이나 사태의 발발로 인하여 물가의 움직임이 상승세로 전환되었다. 경제적 측면의 유동성 감소라는 변화는 주식시장에서 밸류에이션이 높고 이익 체력이 약한 기업들에게 직격탄을 날렸고, 정부의 실물 경제 강화라는 정책 목표도 난관에 부딪히게 만들었다. 기회를 찾던 투자자들은 전쟁과 인플레라는 정치적 상황과 경제적 변화에 대응하기 위해서 전체적인 위험 관리를 강화했고 해당 이슈의 수혜를 받을 수 있는 제한적 범위의 투자 아이디어에 쏠리게 되었다. 이러한 정치적 변화는 사실 2018년 미·중 갈등을 시작으로 표면화되었던 것인데 이후 러시아와 우크라이나 사태를 통하여 탈세계화라는 광범위한 변화로 인식되면서 투자 환경을 급속하게 악화시켰다.

'알다'라는 단어의 재정의가 필요하다

　이러한 급격한 변화는 그렇지 않아도 약세장으로 심리가 약해진 투자자들에게 '도대체 뭐가 어떻게 진행되는 거야?!?'라는 이해하기 어려운 문제를 던지면서 시장의 난이도를 극단적으로 높였다. 원인과 구조를 안다는 측면에서 투자를 할 때는 여러 단계를 고려할 필요가 있다. 시장은 집단적인 의사결정이 가격에 반영되는 시스템이기 때문에 안다는 범위와 깊이에도 단계가 있다. 내가 안다고 남이 아는 것은 아닌 경우도 있고, 그런 경우도 있다.

그림 2-9 **주체에 따라 확장되고 축소되는 '알다'의 범위**

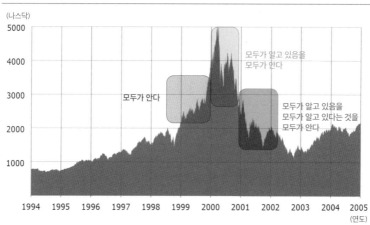

　위 차트는 2000년 IT버블 과정에서 시장이 비싸다는 것을 안다고 하는 사실에 대한 단계를 나타내고 있다. '모두가 안다' 단계에

서는 개별적인 이해는 있지만 집단적인 사실 인식은 되지 않는다. '모두가 알고 있음을 모두가 안다' 단계에서는 집단적인 이해가 가격에 반영된다. '모두가 알고 있음을 모두가 알고 있다는 것을 모두가 안다'의 단계에서는 뒤늦은 행동과 후회가 가격에 반영된다. 빚을 내서 투자한 사람들은 자산이 강제로 매각되는 상황이 발생하고, 투자자산의 가치가 충분히 낮은 상태에 도달해 있지만 가격의 급락이 만들어내는 공포로 인해 무차별적인 투매를 통한 현금화가 발생한다.

2022년 하반기는 '모두가 알고 있음을 모두가 안다'에서 '모두가 알고 있음을 모두가 알고 있다는 것을 모두가 안다'의 단계로 넘어가는 현상이 나타나는 시점이 될 것이라고 필자는 판단한다.

복잡한 세상을 쉽게 풀려고 하는 것이 문제의 시작

세상이 복잡해졌으면 문제를 해결하는 방법도 그러한 복잡한 문제에 적합한 해결 방식을 적용해야 한다. 3차 방정식으로 1차 방정식 문제를 풀 수 있지만, 1차 방정식으로 3차 방정식을 푸는 것은 불가능하다. 그러니 시나리오 분석과 다양한 변수들(펀더멘탈, 유동성, 센티멘트)을 적절하게 반영하는 것은 필수적이다. 필수적인 것을 그렇지 않다고 여기는 것은 도태淘汰의 지름길일 뿐이다.

2021년 말에 2022년을 바라보며 제시한 삼성증권 리서치센터 글로벌주식팀의 「2022년에 만나는 'ROBIN'」 리포트를 살펴보자. 이 리포터에는 2022년을 예측한 시나리오 분석이 나와 있는데 지정학적 변화라는 갑작스러운 움직임이 시나리오에 포함되지 않은 것 말고는 2022년 시장에서 가장 중요했던 핵심 변수들의 움직임을 대부분 지적하고 있다. 아래 표시된 초록 화살표들이 올해 실제로 현실화된 흐름이다. 적절한 정보와 진지한 노력으로 우리도 이렇게 좋은 시나리오를 만들 수 있다. 물론 좋은 시나리오를 구성했다고 항상 최선의 결론이 도출되는 것은 아니지만 말이다.

그림 2-10 **삼성증권의 2022년 시나리오 분석**

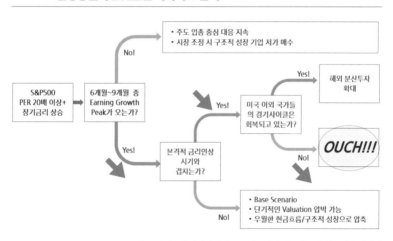

자료: 삼성증권 리서치센터 글로벌주식팀 김도현 수석연구위원 리서치
「2022년에 만나는 'ROBIN'」의 6p(2021년 11월)

각각의 사건들이 발생할 확률에 대한 판단과 발생하는 현상들

을 어떻게 해석하고 지속적으로 적용하는가에 따라 투자 환경에 적합한 결론을 도출할 수도 있고, 그러지 못할 수도 있다. 중요한 것은 올바른 결론을 만들기 위해 좋은 시나리오 분석은 필수라는 점이다. 경기 사이클이 계속 반복된다는 과거의 지식은 이러한 시나리오 분석의 필요성을 적절하게 지각하는 데 방해가 되었다. 어차피 과거와 동일(혹은 유사)하게 반복될 것이라고 경제의 흐름을 가정(혹은 맹신)했기 때문이다. **하지만 이제부터 경제의 흐름은 과거와 유사한 경우와 그렇지 않은 경우, 전혀 새로운 경우가 혼재될 것이다.** 이 점을 마음속에 각인刻印하길 바란다.

펀더멘탈, 유동성, 센티멘트 분석으로 만드는 시나리오

적절한 시나리오의 중요성을 인지했으니 이제 이러한 시나리오가 시장 가격에 어떻게 반영되는지를 알아보자. 우리는 미래에 벌어질 일에 대해 시나리오 분석 과정을 통하여 확률 높은 시나리오를 설계한다. 이건 하루아침에 설계되는 것이 아니라 계속 쌓아가며 개선하는 노력이 필요하다. 그 노력 과정을 통해 앞의 예시와 같은 자신만의 시나리오가 탄생한다. 2022년을 지나는 과정에서 적절한 시나리오는 도출 시점에서 펀더멘탈의 방향성이 악화되는 가능성을 높게 반영한 판단이 유효했다.

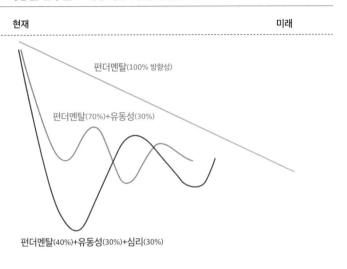

그림 2-11 **다양한 변수들로 예상되는 미래 시나리오**

현재   미래

펀더멘탈(100% 방향성)

펀더멘탈(70%)+유동성(30%)

펀더멘탈(40%)+유동성(30%)+심리(30%)

     위 차트에서 회색 직선으로 표현된 부분이 그러한 판단을 반영하는 모습을 보여준다. 하지만 시장의 가격은 실제 경제(펀더멘탈)가 그러한 방향으로 진행되어도 동일한 흐름을 보이지 않는다. 주지하다시피 유동성의 증감으로 인해 시장이 가격을 반영하는 속도가 빠르거나 느려진다. 청록색 선은 그러한 유동성 효과를 더한 움직임을 표시한다. 2022년은 유동성이 금리 인상과 양적긴축으로 감소하면서 하락의 속도를 키우고 변동성을 증가시키는 역할을 했다. 마지막으로 검정색 선은 청록색 선에 추가적으로 센티멘트(심리)가 더해진 움직임을 보여준다. 사람 마음만큼 알기 어려운 것이 세상에 있을까 싶다. 허나 한 사람 한 사람의 마음은 파악이 거의 불가능하지만 집단의 움직임은 어느 정도 파악이 가능하다. 그 움직임은 변곡점을 지나는 시점에서 급격한 움직임을 더 자극하는 역할을 하는 경우가 대부분이고 2022년도 그러한 영향을 주고 있다.

장기적으로 가격은 펀더멘탈의 방향성에 가장 큰 영향을 받는다. 반대로 단기적으로 가격은 심리와 유동성의 조합이 만들어내는 변덕스러운 움직임에 절대적인 영향을 받는다. 그래서 일반적인 경우라면 **펀더멘탈의 비중을 40%, 유동성의 비중을 30%, 센티멘트의 비중을 30%**로 시나리오에 반영하는 것이 필자의 경험에서 나온 적정값이다.

무의식의 힘을 제대로 인지하자

새로운 이해를 배우거나 스스로 만드는 것은 언제나 도움이 되는 일이다. 하지만 새로운 방식을 알게 되었다고, 그것을 잘 활용하게 되는 일로 바로 연결되지는 않는다. 우리는 의식적인 존재이면서 더욱더 무의식적인 존재이기 때문에 의식적인 이해는 무의식적인 습관과 태도에 큰 영향을 받는다. 배운 것[을] 충분히 익혀서[컬] 자발적인 행동이 이전의 패턴으로 돌아가지 않게 경계선을 만들어야 한다. 우리는 드러나는 의식보다 드러나지 않는 무의식의 힘이 더 강력하다는 것을 주지하고 새로운 이해가 자리잡도록 경험을 쌓아야 한다.

그림 2-12 **이해하는 것과 실행에 옮기는 것의 차이**

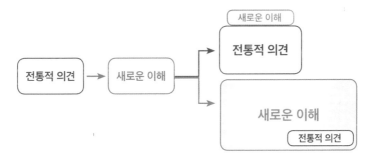

세상이 달라졌다는 것을 인정하고 이해했는데 성과는 똑같다?

: 배우는 것(學)과 익히는 것(翼)은 다르다!

복잡계 시나리오 분석으로 보는
과거와 현재

이제 시장 움직임에 변수들을 실제로 적용해 보자. 변곡점에서는 일반적인 상황과 다르게 변화를 유연하고 빠르게 대응하기 위한 이해와 움직임의 필요성이 증가한다. 2021년 말부터 2022년을 지나는 과정은 그러한 대응의 필요성이 10년이나 20년에 한 번 나타날 정도로 높아진 때였다. 구간별 특징을 살펴보자.

다음의 차트는 미국 주식시장, 채권시장, 환율시장의 움직임을 보여준다. 차트에 표시된 유동성, 펀더멘탈, 센티멘트의 비중과 적용값은 2008년 이후 지속적으로 만들어온 필자의 주관적 방법론을 바탕으로 한다. 모든 이해의 과정이 그러하겠지만 시나리오 분석은 계속해서 새로운 부분을 받아들이고 기존의 방식을 고도화하는 과정을 쌓아가는 프로세스이다. 이를 하나의 사례로 받아들이고 독자분들의 방법을 만드는 데 참고하기를 바란다.

그림 2-13 **시기별 변수들의 변화 추이**

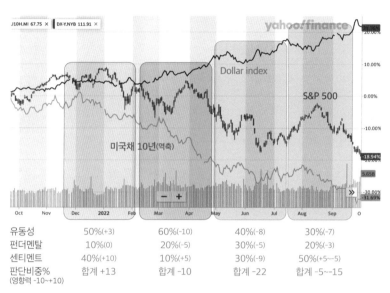

유동성	50%(+3)	60%(-10)	40%(-8)	30%(-7)
펀더멘탈	10%(0)	20%(-5)	30%(-5)	20%(-3)
센티멘트	40%(+10)	10%(+5)	30%(-9)	50%(+5~-5)
판단비중% (영향력 -10~+10)	합계 +13	합계 -10	합계 -22	합계 -5~-15

자료: Yahoo Finance

2021년 말~2022년 초, 고평가된 주식시장

이미 고평가된 주식시장이 더 비싸지는 게 가능한지가 핵심인 시기였다. 기업이익의 추가적인 증가에 대한 기대는 줄어들고 있었고, 그렇기에 펀더멘탈보다 유동성과 센티멘트의 영향력 비중이 훨씬 높았던 특징을 가진 구간이었다. 유동성과 센티멘트가 중요하기도 하면서 영향력의 측면에서도 긍정적인 역할을 하고 있었기 때문에 세 변수들의 비중과 영향력의 합계가 플러스(+)값을 유지하면서 시장의 강세가 유지되고 있었다.

이러한 구간에서는 '트레이딩 전략'의 중요성이 커진다. 펀더멘탈의 비중이 떨어진다는 것은 강세의 지속가능성이 줄어드는 것을 의미하며 이때는 중장기적인 포지션 구성이 어려워진다. 롱숏 전략을 통한 순차적 전환을 고려할 필요가 있다. 시장에 대한 판단과 포지션 구성은 여러 번 나누어서 실행하는 것이 필수적이다. 어느 누구도 시장의 정확한 고점과 저점을 맞출 수 없다. 물론 그런 능력이 있는 투자자는 이 책을 읽고 있지 않을 것이다.

2022년 1분기, 본격적으로 시작된 시장 침체

금리 상승이 고착화되면서 위험자산이 본격적으로 부정적인 영향을 받기 시작했다. 유동성 측면에서 발생한 변화 요인으로 인해 그 영향력도 +3에서 -10으로 급격히 하락했다. 펀더멘탈도 기업이익 증가율 추정치가 낮아지면서 중립적인 요인에서 악재로 전환되었다. 그럼에도 불구하고 오랜 기간 강세장을 경험한 투자자의 강세 심리는 관성의 힘에 의한 +5로 여전히 기대를 버리지는 않은 상태였다.

　도합 -10으로 시장은 약세로 전환되었고 강한 반등을 시도하기도 했지만 시장의 방향성은 하락의 흐름으로 전환되었다고 판단할 수 있겠다. 개인투자자의 장점은 기관투자자(외국인, 국내기관)에 비해서 투자 환경이 악화되면 투자 비중을 유연하고 빠르게 변경시킬 수 있다는 점이다. 그 강점을 활용하기에 가장 적절했던 시점이 이때이다. 기관투자자의 경우 이 구간에서 현금 비중을 크게 늘리는 것보다는 경기방어주나 필수재 생산 기업의 비중을 늘리는 경우가 일반적이다. 하지만 개인투자자가 시장의 하락보다는 덜 하락할 투자를 할 필요는 없다. 이 구간에서 현금 비중을 50%정도

그림 2-14 **시장 참여자들의 장단점**

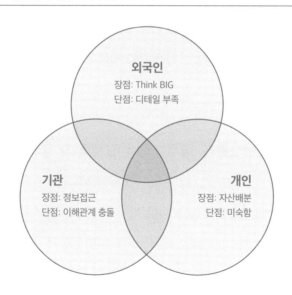

확보하는 것이 개인투자자의 자산배분 능력을 활용하는 데 핵심적인 의사결정이다.

침체기에 무엇보다 중요성을 띄는 것은 센티멘트다. 종목 선정, 포트폴리오 관리, 자산배분 등 투자에 필요한 과정은 모두 어렵다. 하지만 그 방식의 어려움보다 더 중요한 것은 투자자 개인의 욕심을 관리하는 것이다. **우리가 몰라서 하지 못하는 것보다는 알면서도 욕심 때문에 하지 못하는 투자 결정이 더 많다는 것을 자주 상기해야 한다.**

개인투자자들이 자주 하는 표현 중 '지난 고점을 계좌의 본전으로 여긴다. 본전을 지키고 싶은 마음이 커서 손실이 발생할 때 움직이지 못하겠다'라는 말이 있다. 계좌의 본전은 항상 판단을 하는 그 순간의 금액이다. 환상 속에서 이전의 고점을 지키고 싶은 마음 때문에 결정장애를 일으키는 것보다, 현재의 상황을 개선하기 위해서 할 수 있는 일을 하는 것이 투자자가 해야 할 일이다. 2022년의 경험이 그러한 이해를 증가시키는 재료로 활용될 수 있다.

2022년 2분기, 급격한 달러 강세·투자 환경 악화

달러 인덱스가 기존의 움직임 범위를 넘어서면서 급격한 달러 강세라는 현상이 발생했다. 금리도 1분기에 이어서 지속적으로 상승하면서 유동성과 불확실성 두 측면이 투자 환경에 악영향을 주었다. 기업이익의 흐름도 추가적으로 악화되었다. 대형 빅테크Big tech 종목들까지 강달러의 영향을 받으면서 예상보다 매출에 부정적인 모습이 발생했고 이로 인해 투자 심리도 급격하게 냉각되었다. 유동성, 펀더멘탈, 센티멘트라는 주요 요인들 모두가 동시에 하락하면서 나타난 요소들의 합계가 그러한 분위기를 나타낸다.

이러한 구간에서 투자자 대부분은 약세장의 흐름으로 시장의 방향이 전환됐다는 것을 머리로는 이해한다. 하지만 그러한 이해가 위험자산 축소와 같은 포지션 변동으로 이행되는 경우는 드물다. 자신이 구축한 포트폴리오를 자신이 무너뜨리는 것이 자존감과 자신감에 상처를 주기 때문이다. 기관투자자의 성과는 모두에게 공개되기 때문에 스트레스가 훨씬 더 크고 행동의 제약 요건이 된다. 하지만 개인투자자의 계좌는 스스로의 선택이 아니면 공개되지 않는다. 자존감보다 생존이 더 큰 가치를 가진다는 것을 진심으로 이해하면 행동이 생각과의 괴리를 좁히게 된다. 생각의 포기가 아니라 자산을 관리하는 행위라는 것을 깨닫자.

2022년 3분기, 끝없는 하락세

금리의 지속적인 상승이 잠시 멈추면서 유동성 측면에서 개선 기대가 발생했다. 기업 실적의 악화도 멈추지는 않았지만 가격에 반영되었다는 판단이 함께 작용하면서 투자 심리를 개선시키는 근거로 활용되었다. Fed의 정책 변화에 대한 신호가 나타나지는 않았지만 시장의 기대로 인하여 Fed Pivot(정책 변화)이 아니라 Market Pivot(시장의 기대치 변화) 현상으로 주가의 강한 반등이 발생했다. 하지만 잭슨홀 미팅 회견에서 제롬 파월 의장의 싸늘한 연설과 대응으로 순식간에 시장 분위기가 차가워졌고 반등의 속도에 버금가는 재차 하락이 발생했다. 평소 파월 의장은 시장친화적인 성향으로 그가 발표문을 마치고 Q&A를 하는 행동 자체가 주식시장이 반등한다는 뜻과 동일한 것으로 오랫동안 받아들여져 왔다. 그런 그가 평소보다 짧은 발표문을 읽고, 기자들의 질문도 받지 않고 퇴장하는 모습은 뒤통수를 제대로 맞았다는 시장 반응을 끌어냈다. 금리 인상과 인상된 상태에서의 시장이 생각했던 것보다 더 오래 유지될 수 있다는 기조의 정책 방향은 시장 가격에 폭력적으로 반영되었다.

2022년 4분기, 강달러와 소비 침체

멈출 줄 모르는 달러 강세가 이어지고 있다. 지금까지도 강달러는 세계 경제에 부담 요인이다. 추가적으로 달러 강세가 진행되면 통화가 약한 국가들의 경제와 사회 시스템에 문제가 생길 확률이 급격하게 증가한다. 달러 강세가 멈춰지는 것이 시장 환경 개선의 핵심 변수이다.

또 고려해야 할 부분은 미국의 소비 여건이다. 금리 상승으로 인하여 경제 주체의 부담은 가중되고 있다. 특히 지난 20여 년간 글로벌 경제는 부채 증가를 적극적으로 활용한 측면이 강했기 때문에 금리 레벨의 상승은 부담 요인이다. 미국은 특히 모기지 금리가 주택시장을 통해서 소비에 미치는 영향이 크다.

그림 2-15 **미국 30년 모기지 금리 추이**

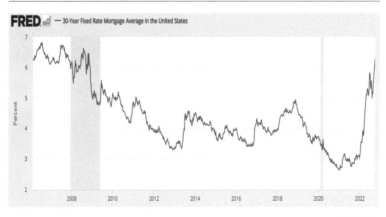

자료: FRED

그렇기에 지금까지는 크게 우려되지 않았던 미국의 소비가 경기 침체를 통한 고용시장의 악화와 금리 상승에 따른 이자 부담으로 4분기와 2023년에 걸쳐서 약해질 수 있다는 것이 점점 더 큰 변수로 작용할 전망이다.

그림 2-16 **미국은 여전히 소비 강국일까?**

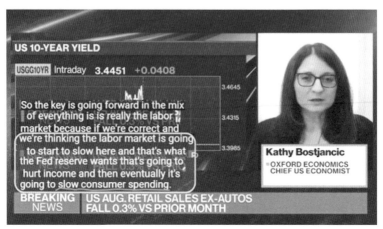

자료: Bloomberg Surveillance(2022.9.16)

위 이미지는 미국 블룸버그 채널의 영상 중 하나로 옥스포드 이코노믹스Oxford Economics의 수석 이코노미스트 캐시 보스얀치Kathy Bostjancic의 인터뷰 화면이다. 그녀는 인터뷰를 통해 Fed의 정책 효과가 나타나면서 고용시장이 부정적인 영향을 받고, 그 영향이 소비를 줄일 것이라는 의견을 내보였다.

미국 사회에서 소비가 경제에서 차지하는 비중은 무려 70%로 경제적으로 매우 중요한 변수로 작용한다. 좀 더 깊게 들여다보면 미국 사회에서 소비는 훨씬 더 강한 상징적 의미를 담고 있다. 클로테르 라파이유Clotaire Rapaille는 저서 『컬쳐코드』에서 이렇게 설명한다.

"쇼핑은 정서적이고 보람 있는, 꼭 필요한 경험이었던 것이다. 쇼핑은 물질적인 필요를 충족시키는 수단에 그치지 않는 사회적 경험이다. 가정에서 나와 세상 속으로 들어가는 방법이다. 쇼핑에 대한 미국인의 코드는 '세상과의 재결합RECONNECTING WITH LIFE'이다. 서부개척 시절에 여성들은 농가에서 집안살림을 하며 대부분의 시간을 보냈다. 그녀들은 식품 등을 사러 읍으로 나가야만 다른 사람들과 접촉할 수 있었다. 쇼핑은 세상과 재결합할 수 있는 유일한 기회였던 것이다."

이처럼 미국 사회를 구성하는 기본적인 체계에서 소비의 역할은 매우 크다. 그런 소비 활동이 잘 돌아가지 않는다는 것은 사회가 잘 돌아가지 않는다는 의미와 동일할 수 있다는 점에서 매우 중요하다.

2023 주식투자,
이전보다 확실하게 달라져야 한다

침체기에 등장하는 세 가지 포지션

시장의 향후 전망에 대한 목소리들은 언제나 다양하고 시끌벅적하다. 외환시장 움직임, 탈세계화 진행, 미국 소비 추이 등 굵직굵직한 변수들의 시장 영향력이 매우 커진 상황에서는 더욱더 그러하다. 지금 시점에서 나오는 매수 의견은 기본적으로 '바닥이니 오른다'라는 내용의 경기순환론을 바탕으로 하기에 공감되는 부분이 적다.

만약 그 의견이 적절하다면 주가하락 구간에서 금리는 하락하고, 주식을 대체하는 투자 수단인 채권시장이 양호한 흐름을 보여야 했다. 하지만 현재 주식과 채권은 지난 1년간 동반 약세를 나타내고 있다. 그래서 과거의 이론을 지금 시점에 적용하는 것은 적절하지 않다. 투자 전략 중에서 오랫동안 활용되던 6040 전략(채권 60% & 주식 40%로 구성, 지속적으로 비중 조절 실시 전략)의 몰락은 이러한 구조 변화를 바탕으로 한다.

그림 2-17 **증시 침체기에 어김없이 등장하는 세 가지 의견**

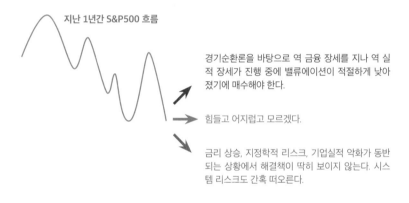

지난 1년간 S&P500 흐름

경기순환론을 바탕으로 역 금융 장세를 지나 역 실적 장세가 진행 중에 밸류에이션이 적절하게 낮아졌기에 매수해야 한다.

힘들고 어지럽고 모르겠다.

금리 상승, 지정학적 리스크, 기업실적 악화가 동반되는 상황에서 해결책이 딱히 보이지 않는다. 시스템 리스크도 간혹 떠오른다.

위의 그림은 시장의 침체기에 등장하는 세 가지 대표 의견을 적어본 것이다. 초록색으로 표시한 의견은 솔직하다는 점이 긍정적이다. 시장에 대한 이해를 증가시켜 좋은 의견을 만들기를 기원한다. 매도 의견은 여러 가지 현재의 상황을 반영하고 있고, 일년 동안 약세장이 이미 진행된 상황이기 때문에 많은 사람들의 공감을 얻고 있다. 주의할 점은 방향성을 맞추었다고 수익이 언제나 만들어지는 것은 아니라는 것이다. 금융시장은 재료를 일반적으로 가격에 선반영한다. 그렇기에 변수들을 적절하게 파악하고 나서, 그 내용이 가격에 얼마나 반영되어 있는지를 점검한 후 최종적인 투자 의사결정을 내려야 한다.

위험자산의 경쟁 상대는 안전자산이다

현재 위험자산과 채권의 가격이 동시에 하락하고 있는, 과거에는 보지 못한 특수한 환경이 진행되고 있다. 위험성이 높은 자산과 안정성이 높은 자산의 가격이 함께 하락하고 있는 상황이라면 무엇을 사겠는가? 위험자산은 기대수익이 높고 그 기대가 실현될 확률이 높아질 때가 매수 타이밍이다. 현재는 리스크가 높거나, 높은 상태에서 더 높아질 확률이 있는 상황일 가능성이 크다. 그렇다면 지금 시점에 금리가 올라가고 있는 채권을 적정한 수익률의 '국채 + 투자등급채권 + 하이일드 채권'으로 포트폴리오를 구성하면 상당히 높은 수익률을 얻을 수 있을 것이다.

간단하게 표현하면 '위험자산의 경쟁 상대는 안전자산이다'라는 것이다. 위험자산이 가지고 있는 약점을 알면서 굳이 급하게 이걸로 포지션을 구성해야 할 필요성이 없다는 점을 이해해야 한다. 상대적으로 더 안전한 채권으로 높은 수익률을 얻을 수 있는데, 더 불확실한 위험자산에 먼저 접근할 필요가 없는 것이다. 채권투자를 선행하고 금리가 낮아지는 것을 확인한 후에 낮아지는 금리까지 추가적으로 호재로 작동하는 위험자산을 후순위로 선택하면 된다.

현재 주가 하락과 채권 가격 하락(금리 상승)이 동시에 나타나는 것처럼 향후 강세장은 주가 상승과 채권 가격 상승(금리 하락)이 동반해서 나타날 수도 있는 것이다. 구조적으로 유동성의 비중이 높아졌기 때문에 유동성이 긍정적으로 작용하는 상황으로 전환되면 그 영향이 주식과 채권에 동시에 작동하면서 두 자산의 가격 모두에 긍정적인 영향을 줄 수도 있다.

언제나 어려움을 잘 견뎌내고 배운 투자자에게 더 좋은 기회가 오기 마련이다. 이 책을 읽는 분들이 주식도 사고 싶고, 채권도 사고 싶은 그 순간을 함께 누리길 바란다.

합리적인 생각 구조를 만드는 것이 먼저다

투자 활동은 인간이 지성을 활용하여 의사결정을 진행하고 그 결정을 행동으로 옮기는 행위이다. 인간은 에너지의 20%를 뇌에서 사용한다. 겨우 몸무게의 2%를 차지하는 기관에서 그렇게 많은 에너지를 사용하는데 그 뇌의 생각 방식을 자주 바꾸는 것은 매우 에너지 비효율적인 활동일 것이다. 그렇기 때문에 우리는 어느 정도 사용가능한 방식의 생각 구조를 만들고 나면 그 방식을 바꾸는 것이 매우 어렵다. 하지만 세계의 구조가 과거보다 더 빠르고 폭넓게 변화하는 상황에서 과거와 같은 효율성을 추구하면서 생각과 행동의 바탕이 되는 방식을 가정부터 근본적으로 점검하는 일을 전혀 하지 않는다면 우리의 제1목적인 생존에 불리한 상황을 만들게 된다. 주기적으로 자신의 생각 구조를 의심하고 점검하라.

그림 2-18 **가정의 재검토**

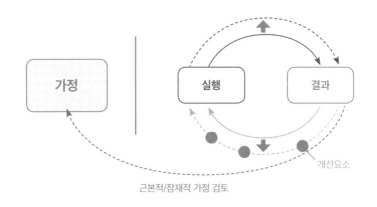

근본적/잠재적 가정 검토

우리의 의사결정을 지배하는 가정을 검토해 보자. 동서독 통일의 기점으로 소련과 미국 진영으로 나뉘어 있던 세계는 미국의 신자유주의 구조로 통합되었다. 이 구간이 투자자에게도 가장 좋은 기회를 제공해 주었다. 거침없는 세계화 과정으로 세계의 시가총액은 미국을 필두로 급증했다. 1992년 출간된 책인 프랜시스 후쿠

야마Francis Fukuyama의『역사의 종말』이라는 제목이 상징적으로 나타내듯이 인류가 만드는 체제의 종착지에 도달했다는 논리도 당시 회자되었다. 통합된 세계는 그 과정에서 과학의 발전으로 인하여 두 개의 층위로 발전되어갔다. 데이터 세계 구조가 만들어지면서 산업혁명을 통해서 육체노동을 기계로 대체했던 변화 이후에, 지식 노동을 기계(컴퓨터)로 대체하는 과정이 진행되었고 세계는 현실세계와 가상세계라는 두 영역을 가지게 되었다.

언제나 좋은 점만 있는 세상은 없다. 대신 산업과 과학의 발전은 환경 문제를 더욱더 인류가 처한 시급한 문제로 만들고 있다.

그림 2-19 **변화하는 세계 구조**

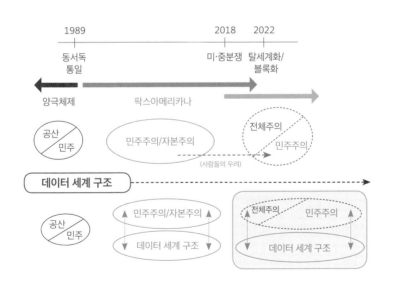

이제는 많은 사람들이 탈세계화가 장기적으로 진행될 것이라는 점을 인지한 상태이다. 하지만 1990년대 이전의 세상으로 세계가 돌아가는 것은 아닌가 하는 우려도 곳곳에서 포착된다. 물론 그 가능성이 없다고 할 수는 없다. 어떤 가능성도 없다고 생각하면 안 된다. 그 가능성이 크냐 작으냐의 관점으로 접근해야 한다. 현재 우크라이나 볼로디미르 젤렌스키 대통령은 하루에도 여러 번 전황과 우크라이나의 입장을 그간 발전한 정보통신 기술을 활용하여 SNS에 올리고 있다. 전쟁에서의 정보전 양상도 기술로 인해 변화한 부분이 확실하게 나타나고 있다. 모든 과거의 사회 제도와 방식에 지난 30년간 발전한 과학 기술이라는 바탕은 기본값이 되어 있다.

지난 100년 동안 인류가 가장 발전시킨 분야는 과학이다. 과학의 발전은 근원적인 이해와 세계의 범위를 확장시키는 역할을 지속적으로 하고 있다. 우주로의 공간적 확장과 데이터 세계라는 다층적인 구조를 통해서 인류가 삶에서 경험하고 누릴 수 있는 내용이 풍부해지고 있다. 세계는 다시 단층 구조에서 과거의 형태로 돌아가는 것보다 다층 구조를 형성할 확률이 높다고 생각하고 그 방향을 위해 필자도 노력하고 있다.

인류의 진화는 물리적인 진화만이 아니라 문화와 사상과 기술의 측면에서도 지속적으로 발전하고 확장한다. 1990년대 이전에 물리적인 세계의 구조에서 추구하던 땅과 권력이라는 패권의 수

그림 2-20 **SNS로 계속 목소리를 내는 우크라이나 볼로디미르 젤렌스키 대통령**

Zelenskiy / Official

Restoration work is currently underway across the country. We will restore all objects that were damaged by today's attack by Russian terrorists. It's only a matter of time.

Out of 84 Russian missiles launched against Ukraine, 43 were shot down. Out of 24 Russian drones, 13 were shot down. And even after that, every 10 minutes I receive a message about shooting Iranian "Shaheds" down.

자료: Ukrainian Presidential Press Office

단은 이제 세계 시민의 공감을 얻을 수 있는가에 대한 매력 경쟁과 인류가 극복해야 할 과제들을 해결할 기술적 우위를 점하는 방향으로 나아가야 하고 실제로도 그러한 방향으로 진행되고 있다.

그림 2-21 **변화하는 세계 패권의 성격**

다양한 관점을 수집하고, 역발상 투자 전략을 짜라!

녹록치 않은 투자 환경이다. 특히 지금 시기는 정부 차원에서 인플레이션에 대한 부담이 크다. 인플레이션에 대한 대응이 늦었던 만큼 정책 우선순위에서 그 중요도는 더 높다. 그 결과 정부, 기업, 투자자의 이해관계가 일치하지 않는 상황이다. 경제 주체들의 이해관계가 일치하는 상황에서는 방향성 이슈가 중요하고, 그렇지 않은 경우에는 조심성이 중요하다. 현재는 후자의 상황이다. '쉬는 것도 투자'라는 것은 중요한 격언이다. **투자의 성공 확률이 낮은 구간에서는 행동보다 이해를 키울 수 있는 배움에 중점을 두면서 어려운 상황에서 발생하는 다양한 사례들을 익히는 것이 매매를 적극적으로 하는 것보다 가치가 높다.**

과유불급過猶不及이라는 말처럼 요즘과 같은 상황에서는 '지나친 상황'을 만들지 않는 것이 중요하다. 과거 2년 동안은 시장의 방향성이 강했기에 상승할 수 있는 확률이 높았다. 현재는 악재의 영향력이 여러 가지 면에서 커져 있고, 동시에 변동성이 높아진 상황이라 해석하고 조율해야 하는 내용이 많아졌다. 이런 상황에서 한쪽으로 시장의 의견이 쏠렸을 때는 그 의견이 방향성이 아니라 변동성일 확률이 높다. 변동성이 높아진 시장 환경에서는 역발상을 통하여 치우치지 않는 의사결정을 하는 것이 중요하다.

역발상 투자를 하기 위해서는 중심을 잘 잡아야 한다. 기본적으로 끌고 갈 수 있는 장기 포트폴리오 1/3, 상황이 좋고 나쁨에 따라 추가로 투입할 수 있는 자금 1/3(상황이 좋지 않을 때는 비중 축소), 나머지 1/3은 정말 공격적인 단타, 트레이딩을 할 수 있는 방식으로 나누어 운용하자. 가능하다면 아예 계좌를 세 개로 나누어서 매매하는 것도 도움이 된다.

투자 대상을 찾고 적절한 전략을 구사하기 위해서 우리는 많은 사실들Facts을 수집한다. 팩트라는 것의 어원 자체는 '무엇을 만들다'이다. 만들어진 사실이며, 사실 자체에 관점이 들어가는 것이다. 그래서 누군가 무엇이 팩트이기 때문에 상대방이 그 사실을 받아들여야 한다고 강하게 주장하는 것은 타인에게 자신의 관점을 강요하는 행위일 수 있다. 팩트라는 것이 독립적인 성격을 가진 것이 아니라 어떻게 바라볼 것인가에 대한 '관점'을 담고 있다는 점을 기억하라.

2022년 말~2023년 상반기에 경기 침체가 온다는 컨센서스가 높다. 과거에는 사회 전체에 영향을 주는 전체적으로 동의할 수 있는 논리가 존재했는데, 전쟁과 인플레이션으로 세상이 복잡해지면서 분야마다 의견이 달라지고 있다.

그림 2-22 **관점에 따라 달리 보이는 경제 상황**

경기순환 이론 관점

복잡계 관점

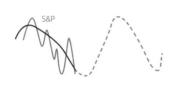
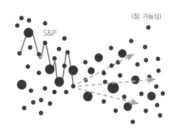

경기순환 이론의 관점에서는 경기의 고점과 정점에 대한 판단이 중요하다. 하지만 2022년 초 시장의 고점은 유동성 피크 아웃으로 설명하는 것이 더 적절하다.

정해진 방식이 되풀이되는 것이 아니라, 주요 변수를 파악하고 확률적 사고와 의사결정으로 대응한다.

사실 경기가 침체인지 아닌지는 투자에 큰 영향을 끼치지 않는다. 기관투자자들에 입장에서는 채권투자 같은 경우 경기 침체 여부가 중요하지만, 개인이 주식이나 위험자산에 대한 투자를 할 때는 침체 여부가 의사결정에 크게 중요하지 않다고 필자는 생각한다. 시장이 어려워질 것이라는 것은 이미 2022년 초에 판단해야 했다. 침체가 얼마나 올지는 경제학자나 전문가들에게 맡겨라. 지금처럼 확실하게 투자 메리트가 없는 상황에서는 방향성을 고민하지 말고, 정말 경기 침체가 끝나는 것과 같은 변곡점이 올 때를 신경 써라. 뉴스에서 반복적으로 떠드는 것은 투자자의 계좌보다는 방송사의 시청률에 도움이 되는 활동이다. 방송 분량 이슈일 뿐이다.

최근에 투자를 시작한 사람들은 유동성이 시장에 미치는 영향을 크게 생각한다. 경기 사이클의 움직임보다 유동성의 증감에 따른 시장 영향이 중요한 것을 피부로 경험했기 때문이다. 앞으로도 증가된 유동성 레벨은 일정 부분은 줄어들고 늘어나고를 반복하겠지만 크게 감소하지는 않을 것이다. 경기 상황에 대한 정의와 판단이 과거에 100의 강도로 투자자에게 영향을 줬다면, 앞으로의 투자 환경에는 40 정도의 영향을 줄 것으로 보인다.

전통적인 경제 분석이라는 방법론의 비중이 줄어든 만큼 과학과 정치의 영향에 대해 자신만의 판단이 가능한 수준의 지식 체계를 구축해야 한다. 과학의 측면에서 보면, 우리나라 투자자 중에서 테슬라에 투자한 분들이 많다. 그런데 이전에는 전기차에 대한 이해만 있으면 되었지만, 이제는 로봇에 대한 이해가 부족하면 테슬라의 향후 전망을 예측하기가 어려워졌다. 테슬라의 미래 사업 부분에서 로봇, 우주 산업 등이 중심이 될 것이기 때문이다. 정치의 측면에서 보면, 강소국에 사는 우리는 국제 정세에 대한 이해가 부족하거나 미국의 관점에만 익숙한 측면이 크다. 그래서 다양한 지식과 입장의 관점에 대한 이해를 늘리는 것이 필요하다.

마지막으로 전하는 말

당분간 경제의 측면에서는 미국 주도의 세계화 아래에서 진행되어온 구조의 흔들림이 단시간에 다시 제자리를 잡거나 새로운 방식이 확고하게 설립되기 어려울 가능성이 높다. 절대적인 가치가 흔들리는 때는 상대적인 가치를 판단하는 것이 중요하다. 물론 상대가치는 절대가치보다 파악하기도, 그것을 활용해서 투자에 적용하기도 어렵다.

세상이 어려운데 혼자만 쉬운 방법을 찾는 것은 바다에서 마실 물을 찾는 것과 유사하다. 개인투자자의 경우 경제적 측면에서 투자는 부가적인 활동이다. 부가적인 활동은 투자 환경이 양호한 시점에 에너지를 집중해서 하는 것이 현명하다. 포지션의 규모를 적절하게 축소하고 투자에 대한 지식과 지혜를 쌓아가면서 본업에 충실하길 바란다. 그리고 삶의 지속가능성과 안정성을 늘리는 활동의 중요성을 재차 강조하는 바이다.

모든 투자자분들의 건승을 기원한다.

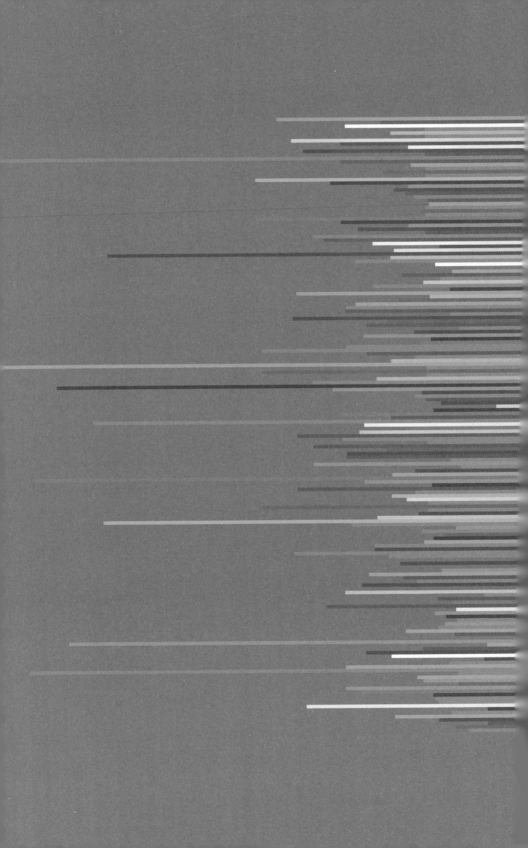

03장

리세션의 뜀틀을 밟고, 스트롱바이가 온다!

강영현
유진투자증권 이사

MR. MARKET 2023

역사상 유례없던
자산 하락 시기가 온다

Fed는 2023년 경기 침체를 겨냥하고 있다

지금 금융시장에서는 가장 가파른 속도의 역대급 긴축이 진행되고 있다. 1%도 안 되던 기준금리는 1년도 되지 않아 4% 수준까지 치솟게 되었고, Fed put(연준 풋)을 상수로 생각하며 투자 전략을 세우고 'buy the dip(저가매수 전략)'을 하던 투자자들은 지난 1년간 큰 타격을 입었다. 치밀하고 확률에 근거한 투자론에 바탕을 둔 자산배분이나 포트폴리오 이론까지도 전부 쓰레기통에 처박혀버렸다.

그림 3-1 **100년간 주식 채권 60:40 포트폴리오의 연 수익률 추이**

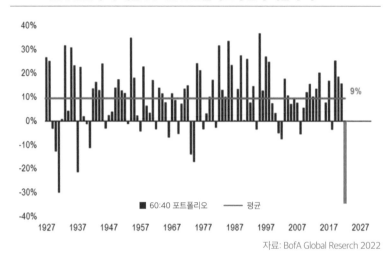

자료: BofA Global Reserch 2022

위의 차트는 1920년대 이후 주식을 60, 채권을 40 비율로 매수한 포트폴리오의 연 수익률 증감 추이를 나타낸다. 청록 막대로 표시된 부분은 2021~2022년을 나타내는데, 낮은 수익률은 당시 주식, 채권, 부동산 모두가 동시에 급락해서 나타난 역사적으로 극히 드문 결과다. Fed가 기준금리를 변동시키면 처자식 뺀 모든 것의 가격이 영향을 받는다. 하지만 차트를 보면 알 수 있듯이 이번 하락의 폭은 역사상 그 유례를 찾아보기 힘들 정도로 크다.

그렇다면 2023년을 내다보는 지금, 우리는 향후 시장에 대해 어떤 전략으로 대응해야 할까? 낙폭이 컸으니 상승으로 대응하는 것이 맞을지, 추가 하락을 준비해야 할지 고민이 앞선다. 시나리오를 잘 준비하고 변동성 상황에 대비하는 전략이 꼭 필요한 시점이다.

결론부터 얘기하면 인플레이션으로 시작된 Fed의 긴축은 자산 시장의 거품을 걷어내는 것을 목표로 한다. 역대급 거품이었기 때문에, 단기적 반등이 있은 후라도 다시 재차 충분한 하락을 보일 때까지 우리는 긴장의 끈을 놓지 말아야 한다.

쉽게 말해 지금의 금리인상은 저녁을 준비하시던 어머니가 부뚜막이 다 탈 정도의 불이 아궁이 밖으로 치솟자 이를 끄기 위해 부엌에 물을 흥건히 퍼붓겠다고 마음 먹은 상황에 비유할 수 있다. 이 과정에서 불을 꺼뜨리게 되면 다시 살리는 과정이 무척 힘들어질 수도 있다. 그러나 분명한 것은 부뚜막으로 옮겨붙은 불을 그냥 보고만 있거나, 소위 말하는 불멍을 때리며 불 쪼이기를 즐길 가능성은 전혀 없다는 것이다. 설령 불이 완전히 꺼져 다시 살려야 하는 일이 있을지라도 집을 전부 태울 수도 있는 인플레이션이라는 불을 Fed가 그대로 보고만 있을까.

Fed의 기준금리 인상이 시장에 가져올 3단계 영향

Fed의 기준금리 인상은 크게 3단계의 과정을 거치며 증시에 영향을 미치게 된다. 첫째로 유동성을 걷어낸다.

다음 차트를 살펴보자. 여기서 진한 초록색은 2년물 국채 금리

그림 3-2 **금리 수준별 적정 PE 수준**

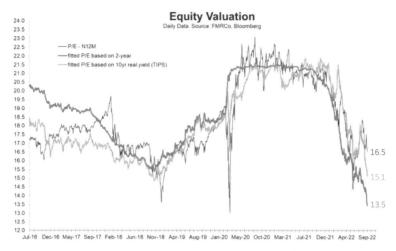

자료: Bloomeberg, Fidelity

변화에 따른 S&P 지수의 적정 PE(배수, 주가수익배율)를 나타낸 차트
다. 최근 2년 동안의 국채금리는 4.5% 수준이다. 그에 따른 적정
PE는 13.5배가 적당하다는 얘기다. 그 위에 바로 보이는 옅은 초
록색은 10년물 국채금리를 기준으로 계산한 PE이다. 지금 10년물
국채금리는 4% 수준이고, 이때 적정 PE는 15배 수준이다. 그리고
현재 시장이 반영하는 지수의 배수는 회색으로 표시된 16배(2022년
10월 기준)가 된다. Fed가 정책적으로 밀고 있는 시장의 PE 수준은
2년물 4.5% 기준으로 13.5배인 반면, 시장은 아직 그보다 20% 정
도 비싼 수준으로 거래되고 있는 중이다. Fed가 긴축을 하기 전인
2021년 3월에는 PE가 23배까지 올라가 있었다. 닷컴 버블 때와 비

숫한 수준이었다. 이처럼 유동성 감소에 따라 시장의 PE가 하락하면 PE가 서서히 적정 수준까지 내려와 지수가 하락한다. 하지만 PE가 하락했다고 해도 아직 시장 조정이 모두 끝난 것은 아니다.

이제 두 단계가 더 남아 있다. 그중 하나는 기업실적이 하락하면서 주가가 한 단계 더 내려가는 부분이고, 나머지 하나는 유동성이 감소하여 시중에 돈이 충분하지 않아 부실 기업들이 부도나 퇴출을 맞으며 오게 되는 '신용시장Credit market'의 붕괴이다.

이것까지 모두 마무리되어야 2021년부터 시작된 금리 인상 정책의 영향이 시장에 온전히 반영되는 것이라고 필자는 생각한다. 기간이 얼마나 걸릴지는 모르나 Fed는 최대한 경제에 타격 없이, 거품만 터트리려고 할 것이다. 그러나 그 의도대로 되지 않을 것에

그림 3-3 **Citi ERI(Earning Revisions Index) US**

자료: Bloomberg Finance L.P(2022년 10월)

대해 투자자들은 대비가 되어 있어야 한다. 만약에 Fed가 그런 부분을 잘할 수 있었다면 애초에 이런 사태가 일어났을까?

앞의 차트는 검정 횡선 0을 기준으로 선이 위로 올라갈 때는 '실적이 좋아질 것 같다'라고 예상한 기업들의 비율이 올라간 것을, 밑으로 내려갈 때는 '실적이 안 좋아질 것 같다'고 예상한 기업들이 늘어난 것을 뜻한다. 차트를 보면 최근 2022년 3분기부터 향후 실적에 대해 좋게 말하는 기업보다 그렇지 않은 기업들의 비율이 급격하게 높아진 것을 확인할 수 있다. 즉 시차를 두고 기업들의 실적이 악화되는 구간에 조만간 진입한다는 것을 의미한다. 이런 경우 PE(배수)가 더 이상 줄지 않고 15배 수준에 안착된다고 해도 지수는 추가 하락한다. 예를 들어 15배의 배수로 안정된 시장에서 이익이 100이었다가 80으로 줄어들게 되면 전체 시가총액은 20%만큼 줄어들게 된다.

실적이 감소하면 그때부터 진짜 큰 문제가 시작된다. 기업들의 내부 현금흐름이 점점 악화되는 것이다. 그렇게 되면 기업들은 유상증자나 채권으로 자금 조달을 할 것이고, 그 규모가 유동성이 요구되는 자금 수준을 넘어설 경우 채권시장의 금리는 치솟게 된다. 이 과정에서 누군가 필요한 양의 자금을 구하지 못하면 부도가 나거나 신용등급이 강등되어 더 높은 금리를 요구받게 된다. 그런 흐름까지 마무리되면 기업들의 퇴출과 생존이 결정나고, 그제서야 Fed가 일으킨 이번 폭풍의 마무리 단계에 진입하게 된다.

그림 3-4 **미국 신용 스프레드(US Credit Spreads)**

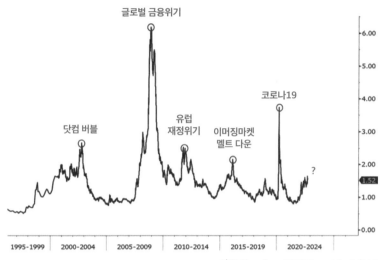

자료: Bloomberg, 2022 Crescat Capital LLC

　위의 차트에서 볼 수 있듯이 위기 상황이 닥칠 때마다 채권시장에서 기업들의 조달 금리는 올라간다. 그 흐름에 맞춰 새롭게 태동하고 성장했던 산업은 과열에서 침체로 향하게 된다. 결국 금리의 막바지에는 오랜 기간 이어진 버블이 터지는 구조조정이 발생하며 시장의 한 사이클이 마무리된다.

　집필 시점(2022년 10월 말 기준)에서 봤을 때 지금은 3단계 중 1단계에서 2단계로 진행하는 과정이라고 볼 수 있겠다. 이제 투자자들은 2, 3단계까지의 과정을 2022년 하반기~2023년을 통해 목도하게 될 것이다. 그 과정에서 섣불리 움직인다면 투자에서 큰 실패를 맛보게 될지도 모른다.

달러 강세,
대형주 강세의 변곡점이 될 수도 있다

달러, 지금 당장 미국으로 돌아와

그렇다면 우리는 어느 지점에서 투자의 변곡점을 잡아낼 수 있고, 매크로Macro를 걱정하지 않으면서 종목에만 집중하는 주식투자에 전념할 수 있을까? 지금 'Fed의 긴축'을 가장 쉽고 적절하게 표현하면 '지금부터 달러는 전부 미국으로 귀국하세요'라고 말할 수 있겠다. 지금의 글로벌 통화 체계는 Fed가 금리를 인상하고 달러 가치를 위로 당기면, 전 세계 자금이 미국의 Fed 창고로 빨려 들어가는 구조이다. 이런 구간에서는 주식, 부동산, 채권의 가격은 전부 떨어지게 되어 있다. 특히 미국 외의 지역에 투자한다면 더욱 가파른 속도로 자산 가격이 떨어지는 것을 경험하게 될 것이다. 사업을 하기도 힘들고, 집을 사는 것도 부담스럽고, 소비보다는 저축이 더 나은 시기가 오는 것이다.

달러가 다시 약세로 들어서야 투자하기 좋은 때가 된다. 달러가 다시 미국 밖으로 기어나올 때 세상은 풍요로워진다. 증시뿐 아니라 실물경제도 달러가 돌아야 풍요로워진다.

그림 3-5 **달러 인덱스 변화와 기업실적 수정 비율**

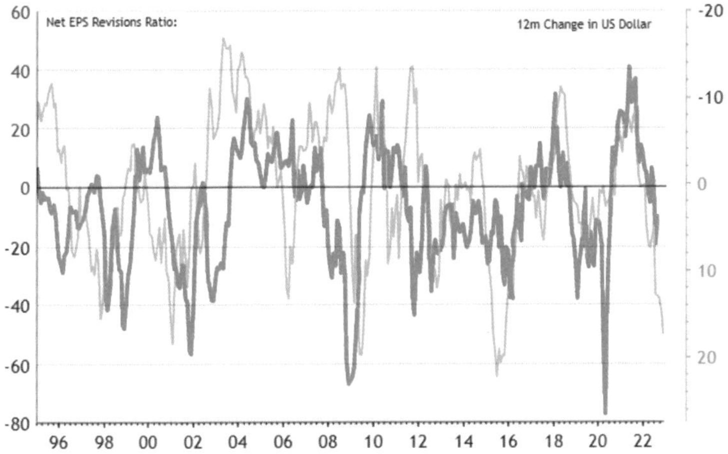

자료: IBES

위의 차트에서 옅은 초록색 선은 오른쪽 눈금을 따라 내려갈수록 달러가 강해지는 것을 나타낸다. 그리고 짙은 초록색 선은 왼쪽의 눈금을 따라서 움직이는 글로벌 기업실적 추정치인데 내려갈수록 기업실적 추정치가 나쁘게 변동하는 것을 의미한다. 즉 단기에 달러가 강세로 급하게 진행될수록 기업들의 실적 추정치는 하락한다는 것을 나타내는 지표다.

그림 3-6 **S&P500(SPX) 실적 추정치**

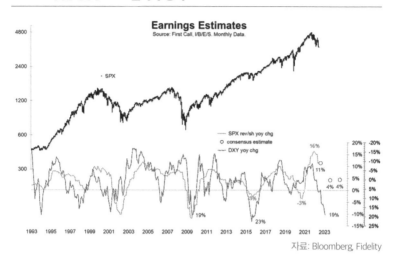

자료: Bloomberg, Fidelity

위 차트에서 회색으로 표현된 부분은 달러이며 내려갈수록 달러 강세를 의미한다. 초록색 원으로 표시된 부분은 기업실적 성장 컨센서스다. 컨센서스가 내려가고 올라가는가에 따라서 달라지는 S&P 지수 상승률을 청록색으로 그린 것이다. 지금 상황은 달러가 강세로 돌아서면서 기업실적 추정치가 아래 방향으로 하락하고 있고, 지수가 그 뒤를 따라서 내려가는 중인데 아직 충분히 내려가지 않은 것이라 해석할 수 있다.

그리고 증시가 저점을 잡고 올라가는 상황을 보면, 달러를 표현하는 회색선이 20% 수준에서 다시 꺾여 올라가게 되면서 지수의 상승률과 EPS 컨센서스가 상향 조정되기 시작하는 것을 볼 수 있다.

결론은 이렇다. 우리는 뭔가 복잡하고 디테일한 지표를 보고 주식투자의 시기를 저울질하지만 결국 Fed의 유동성 조작에 따라 시장은 오르내림을 반복한다. 그리고 달러 가치는 시장이 내려갈 때 큰 영향을 받게 된다. 그러니 달러의 흐름을 잘 관찰하다 보면 좋은 기회를 잡을 수 있다. **달러가 미국 밖으로 흘러나와 실물과 금융시장을 풍요롭게 할 때, 그때가 투자의 최적기다.**

위험 관리가 투자수익률보다 더 중요한 때다

앞으로 시장은 상당 기간 고금리가 유지되고, 우리는 그 고통을 더 오래 견뎌야 할 가능성이 크다. 적어도 2023년을 예상할 때, 금리가 다시 매우 낮은 수준으로 내려가면서 증시를 부양할 가능성은 거의 없다고 봐도 문제없을 것이다.

따라서 이제부터는 종목과 업종을 중심으로 고금리 상황에서도 이익과 매출이 유지되거나 증가할 수 있는 쪽으로 투자자들의 관심과 돈이 몰릴 가능성이 크다.

금융 산업 자체는 자전거를 타는 것과 같다. 상황이 좋지 않다고 멈출 수 없다. 그렇기 때문에 시장이 좋든 좋지 않든 자산운용사, 투자자문사, 주식중개인들은 최선의 수익을 내기 위해 이리저리 더 좋은 투자처를 찾게 되어 있다. 그렇지만 위의 과정에서 수익을 낼 만한 좋은 투자처는 줄어들고, 유동성의 감소에 따른 자산 가격 상승 속도도 예전만 못할 것이다.

그림 3-7 건기에 작은 웅덩이로 몰려든 하마들

위의 사진을 보자. 사바나 초원에 건기가 찾아오면 강바닥이 드러나고, 물이 귀한 세상이 펼쳐진다. 목이 마른 동물들은 조그만 웅덩이로 몰려들게 되고, 그 안에서 살아남기 위해 이전투구泥田鬪狗 하게 된다. 이런 상황이 우리 증시에도 벌어질 것이다. 많은 투자자들이 아주 작은 수익률을 놓고, 매우 스트레스가 높은 상황에서

일하게 될 것이다.

2023년은 '유동성 확보'가 기업들의 최우선 목표가 될 것이다. 이때 투자자들은 물 웅덩이 근처에 있어야만 생존할 수가 있다.

사바나 초원에 비가 내리기 시작하면 그때부터 동물들은 푸른 목초지에서 번식을 위한 짝짓기도 하고, 치열한 물웅덩이 경쟁에서 해방된다. 그제서야 비로소 풍요로운 세상이 열리는 것이다. 지금 우리는 건기의 시작에 있을까? 아니면 우기 진입 시점에 있을까? 번식보다는 생존이 우선일 수 있다. 그래서 필자는 2023년까지는 위험 관리가 투자수익률보다 더욱 중요해질 것이라 예측한다.

말이 되는 소리를
의심해야 할 시기가 온다

내러티브(Narrative)에 의존하는 투자를 조심하라

필자는 증권사에 입사한 후 매우 힘든 고민의 시기가 있었다. 주식투자도 꽤 오랜 세월 해왔고, 차트나 방법론에 대한 공부도 열심히 해왔지만, 이상하게도 마음 한편에 늘 불안감이 자리하고 있었다. 무엇인가를 공부하고 알게 되면 불안하지 않아야 한다. 그런데 차트 공부도 하고, 기업 재무제표 공부나 증권사 리포트들도 많이 읽어봤지만 그 불안이 완전히 해결되지 않았다. 결국 조금 더 깊이 알기 위해 직접 회사를 탐방하기 시작했고, 이 과정을 통해 한 가지 좋은 깨달음을 얻게 되었다.

필자는 1년에 200여 개 기업을, 3년간 직접 탐방했고 IR이나 세미나도 기회가 있을 때마다 참석했다. 그때 대한민국의 산업이 어떻게 흘러가는지에 대한 감을 많이 잡았던 것 같다. 그러자 마음속에 있던 불안감이 점점 사라지는 것을 느낄 수 있었다.

그런데 신기하게도 탐방 간 기업들 중에 "우리 회사 투자하기 나쁩니다"라고 하는 곳이 거의 없었다. 아주 가끔 퇴사 직전의 IR 담당자거나, 회사가 증여 및 상속을 앞둬 주가가 올라가면 안 되는 경우 안 좋은 얘기를 하기도 했다. 하지만 보통은 인터뷰가 끝나고 받아 적던 노트북을 덮을 즈음 "아, 이 회사 좋다"라는 결론을 내릴 때가 많았다. 그런데 아이러니하게도 그 주식들이 전부 상승하지는 않았다. 어떨 때는 매우 위험한 거짓말인 경우도 많았다.

투자는 결국 선택과 집중이다. 그렇게 좋은 말들을 듣고 난 후, 그 주식을 다 사고 싶어도 그럴 수 없다. 그런 종목들 사이에서도 더 좋은 것을 골라야 하고, 위험한 거짓말도 가려내야 한다. 이런 과정에서 '어떤 기준으로 할 것인가? 어떻게 해야 이 수많은 자화자찬 속에서 내 고객과 내 자산을 불릴 수 있는 좋은 회사를 골라낼 수 있을까?'라는 고민이 더욱 깊어졌다.

회사의 투자 포인트를 찝어낼 때는 수많은 특성 중 가장 시장이 좋아하는 것을 골라내고 짚어내야만 한다. 그리고 회사가 말하는 것들 중에서 '할 수 있을 것 같은 것'과 '현재 할 수 있는 것'을 걸러내는 것이 매우 중요하다. 속을 수 있기 때문이다. 탐방을 다녀

온 후 좋은 회사라고 여겨 주식을 샀는데 사자마자 유상증자 공시가 나면서 급락하는 경우도 있었고, 대표이사가 IR을 했는데 이후 바로 상장폐지 절차에 돌입하는 경우도 있었다. 눈 감으면 코 베어 간다고 했던가!

여기 부모에게 용돈을 요청하는 아이가 있다고 가정해 보자. "엄마 나 공부 열심히 할 거야, 좋은 대학 가야 내 인생이 잘되는 거잖아? 엄마 말이 다 맞아. 그래서 말인데 나 용돈 좀 줘. 오늘 친구 생일인데 내가 안 갈 수가 없어서. 오늘까지만 놀고 내일부터 열심히 할 거야"라고 말했을 때, 이 철없는 아이가 엄마에게 하고 싶은 말의 핵심은 무엇일까?

그렇다. "엄마 돈 줘"이다. 엄마 주머니에서 돈이 나오게 하는 것이 쉽지 않은 일임을 알게 된 이 아이는 엄마가 듣고 싶어 하는 말을 해준 것이다. 그래서 공부 얘기를 꺼내야만 했던 것이다. 공부할 생각이 있었다는 증거는 크게 없어 보인다. 결국 핵심은 돈 주면 그걸로 오늘 밤에 좀 놀고 오겠다는 얘기인 것이다.

여의도에는 수많은 뉴스와 분석 그리고 정보들이 흘러 다닌다. 그런데 그 안에서 어떤 것이 정말 내 계좌를 살 찌우는 것일지 끝까지 고민해야 하고, 좋다고 하는 정보에는 항상 그 반대면이 있다는 점을 꼭 인지해야 한다.

내러티브Narrative에 속으면 안 된다. 뉴스 하나에도 주가는 매우 큰 변동성으로 출렁인다. 그런데 나중에 보면 결국 탄탄하게 자기일 묵묵히 잘 해내면서 가치를 만들어내는 기업들의 주가가 조용히, 빠르고 크게 상승해 있는 것을 많이 보게 된다.

기업들 입장에서는 앞으로 1~2년간 여의도가 좋아하는 스토리를 최대한 붙여 주가를 부양하고 싶어 할 것이다. 왜냐? 비싼 값에 주식을 팔아야 하기 때문이다. 다른 말로 기업 입장에서는 싼 자금을 대주는 투자자들을 많이 만나고 싶어 한다는 뜻과 같다.

철없는 아들이 말하는 미래에 대한 약속보다는 이놈이 오늘 저녁 친구들과 무슨 일을 할 것인지에 대해서 냉정하게 판단해야 하는 어머니의 입장이 되어야 할 시기에 진입하고 있다. **보이는 것만 믿어야 한다. 너무 그럴싸한 내러티브는 경계하는 것이 맞다.**

좋은 주식을 욕심 없이 샀지만 손실이 나는 이유

"이 회사는 이번 분기 실적도 좋다고 하고, 앞으로 4차 산업혁명에 큰 수혜를 받는다는데 주가는 왜 이렇게 내려갈까요? 끝도 없네. 그래도 난 멀리 보고 산 거예요. 얼마든지 기다릴 수 있긴 한데 너무 내려가니까 걱정이 되네요."

증권사 전화벨이 울리고 들려오는 고객분들의 호소는 보통 이런 식의 레퍼토리로 진행되곤 한다. 유명한 누군가가 유튜브나 TV에서 나오는 얘기를 듣고 샀는데 주가가 내려가서 속이 상하다는 말도 꼭 덧붙이곤 한다. 인심이 좋은 분은 "그래도 강이사님은 믿을 만하잖아요? 그래서 전화했습니다"라는 말을 붙여주시곤 한다.

이런 짧은 대화들은 필자에게 여러 가지 생각을 하게 만든다. 몇 가지만 추려보면, 첫 번째는 좋은 회사는 맞을 수도 있는데 정작 매수 시점에 좋은 가격에 사지 않았을 수 있다. 청바지 한 벌 사는데도 이것 저것 따져보고 좋은 가격인지 고민하는데 주식은 좋은 회사라고 하면 무조건 매수부터 하는 것이다. 특히 지금처럼 유동성 장세가 끝날 때 자주 발생하는 현상이다. 사실 엄밀히 말하면 경험 부족이다. 투자자가 특별히 무언가를 잘못했기에 벌어진 일이 아니다. 책을 읽는다고 되는 것이 아니라 겪어봐야 느낄 수 있는 일과 같은 것이다. 특히 지금처럼 유동성이 크게 빠지게 되면 좋은 주식이래도 별 수 없다. 특별한 이유가 있어서 가격이 내려가는 것이 아니기 때문이다.

두 번째로 기간에 대한 착오가 있다. 4차 산업혁명까지 얘기하면서 수혜주를 사려면 적어도 10년 이상을 봐야 한다. 산업혁명이라는 것은 10년, 20년의 주기로 발생하기 때문이다. 단순히 '4차 산업혁명 수혜주입니다'라는 말 한마디로 내가 매수한 이후 계속 플러스 상태를 유지하다가 10배 오르는 주식이 될 수는 없다.

세 번째는 위에서 말한 내러티브로 투자를 했기 때문이다. 이럴 때는 꼼꼼히 재무제표나 다른 관점의 투자 포인트를 챙겨봐야만 한다. 실제로 시대 변화에 대비를 하겠다는 얘기를 하는 기업은 달리 말해 조만간 큰 투자가 필요하다는 뜻으로 해석할 수도 있다. 그래서 단기적으로 비용이 증가하여 당분간 실적이 좋아지지 않을 수도 있다.

그런데 설명을 듣다보면 이상하게도 "이것은 새로운 세상을 이끌어 갈 산업입니다"라는 말이 "앞으로 주가가 올라갈 수 있습니다"라는 얘기로 치환되어 이해된다. 종목을 내러티브로 투자하는 대표적인 사례가 되는 것이다. 4차 산업혁명은 잘 대응하면 기회이지만 반대로 실패하면 기업이 사라질 수도 있다. 이렇게 중요한 일임에도 불구하고 그저 관련이 있다는 이유만으로 투자했다는 것은 아주 치명적인 위험을 내포한 투자임에 분명하다. 얼마를 투자해서, 얼마를 기다리고, 그 수익은 얼마 정도 되는지 정확하게 따져보면서 투자하는 습관이 중요하다. 눈에 보이는 것만 믿어야 한다.

'전문가의 말'이라는 환상에서 벗어나자

마지막으로 투자에 대한 이해가 아닌 여의도를 이해하는 방식에 관해 얘기하고자 한다. 전문가는 모든 것을 아는 사람이 아니다. 소위 말하는 프로 증권맨들은 투자로 돈 벌어먹고 사는 사람들이지 그것을 완벽하게 잘하는 사람들이 아니다. 프로 야구선수라고 하면 이승엽이나 이대호 선수만을 생각하겠지만 그건 프로 선수들 중에서 두각을 드러낸 몇몇 선수들이지, 그중에는 이름 없이 2군을 전전하다가 퇴출 당하는 사람들도 많다. 마찬가지로 전문가라고 해도 다 같은 전문가가 아니다. 그중에는 경험이 없고, 책으로만 시장을 대한 전문가도 매우 많다.

잘한다는 것과 그것으로 밥을 먹고 산다는 것을 구분해야 한다. 그리고 필자가 생각하기에 그들은 지금은 나를 믿는다 하면서 조언을 구하지만 결과가 좋지 못하면 누군가에게 내 얘기를 하면서 내 탓을 할 수도 있는 고객을 떠올린다. 내 앞에서 다른 전문가를 탓하는 고객에게 최선을 다해 조언하기는 쉽지 않다. 그러니 절대 전문가 앞에서 다른 전문가 뒷담화를 하면 안 된다. 전문가들이 실력이 없을 수는 있어도 바보는 아니다.

결국 시장이 돌아가는 몇 가지 상식적인 원리를 파악하지 못해서 손실이 난 것이다. 전문적인 경영, 경제학적 지식이 아니라 의사소통 과정에서 오는 논리적 오류를 찾아내지 못하는 인문학적 판단력 부족이 근본 원인이라고 볼 수 있다. 일부 전문가나 투자자들은 Fed가 긴축을 하는 과정에서는 좋은 주식도 주가가 빠질 수 있다는 것을 몰랐고, 주식 가격이 올라가는 기간과 그 기간 동안의 주가 움직임에 대한 경험이 없었던 것뿐이다.

한 가지만 더 상식적으로 생각해 보자. 내가 유튜브 콘텐츠를 제작하는 사람이라고 가정한다면 가장 먼저 관심을 가질 것은 무엇일까? 그렇다. '사람들이 무엇에 관심이 있는가'이다. 뉴스에 많이 나오고 검색이 잘되는 이슈를 선정해야만 그 유튜버는 돈을 벌수 있게 된다. 아쉬운 얘기지만 이들에게 여러분들의 계좌 잔고나 성공적 투자는 큰 관심거리가 아닐 수도 있다. 그런데 투자자들은 그런 검색어 장사하는 사람들의 정보들이 마치 내 계좌에 큰 도움이라도 될 것처럼 듣고, 읽고, 소중히 대하고 있지 않은가? 대중의 생각과 반대로 가야 꽃길이 열린다. 유명한 유튜버나 증권맨을 쳐다보고 있는 수천, 수만 명 중에 하나가 되고자 하는 것은 애초에 잘못된 전략 선택이 아닐 수 없다.

그림 3-8 **삼성전자 주가 추이**

자료: 네이버금융

앞의 삼성전자의 차트를 보면 2021년 1월 15일에 고점을 찍은 이후 주가가 줄줄 흘러내리고 있는 것을 볼 수 있다. 아래의 차트도 함께 보자.

그림 3-9 **'삼성전자'의 구글 트렌드 검색 결과**

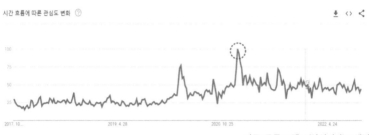

시간 흐름에 따른 관심도 변화 ⓘ

자료: 구글 트렌드 '삼성전자' 트래픽

위 차트는 '삼성전자'라는 키워드가 인터넷에 얼마나 언급되었는지를 나타내는 지표다. 위 차트에 표시된 동그라미는 '삼성전자' 키워드가 가장 많이 언급되었던 시점을 의미하는데, 삼성전자의 주가 고점과 정확히 일치한다. 잘 생각해 보자. 내가 방송 전문가나 유튜버라고 가정한다면 주주가 몇 명 되지도 않는 시가총액 2~3000억짜리 종목과 600만 주주를 가진 삼성전자 중 어떤 것을 얘기해야 트래픽과 클릭 수를 많이 낼 수 있을까? 이것을 판단하는 능력에 따라 유명세를 탈 수도 있고 그렇지 않을 수도 있다. 주식에 대해 잘 알고 모르는 것은 그 사람들에게 크게 중요하지 않다.

그러면 우리는 어떻게 해야 이러한 잘못된 판단과 투자 습관에서 벗어날 수 있을까? 간단하다. 복잡하고 많은 정보에서 멀어져야 한다. 그리고 간단하면서도 꼭 중요한 포인트들만 찾아서 투자에 참고하는 습관을 들이면 된다.

예를 들어 아래의 미국의 ISM 제조업 지표와 필라델피아 반도체 지수를 살펴보자.

그림 3-10 **미국 ISM 제조업 지표와 필라델피아 반도체 지수**

Source: BofA Global Investment Strategy. Bloomberg

자료: Isabelnet(2021)

ISM 제조업 지표는 미국의 공급관리자협회에서 매월 발표하는 지표 중 하나인 신규 주문으로 위의 그래프에서 옅은 초록색으로 표시되어 있다. 그런데 위 그래프를 보면 ISM 신규주문 지표가 무너지고 6개월이 지났을 때 필라델피아 반도체 지수인 SOX가 따라 하락하는 것을 볼 수 있다. 물론 삼성전자가 필라델피아 반도체 지수와 정확하게 일치하는 주가 흐름을 보이는 것은 아니지만, 추세적으로 보면 반도체 투자는 ISM을 따라 움직인다.

그냥 한 달에 한 번씩 발표되는 이 ISM 제조업 지표를 잘 추적하면서 반도체에 투자하는 것이 매일 출퇴근 시간마다 애매모호한 코멘트들에 둘러싸여 고민하는 것보다 낫다. 제대로 선정한 지표 하나가 유튜버나 뉴스에 의지하는 것보다 훨씬 낫다는 것이다.

지나고 나서야 비로소 깨닫게 되는 것들

2021년부터 2022년까지 방송을 보고 필자를 찾아오는 고객분들의 대표적인 질문은 삼성전자나 기타 물린 종목들에 대한 것이었다. 어디까지, 언제까지 떨어질 것인지에 대한 상담이 거의 대부분이었는데 '물리기 전에 물어봐줬다면 얼마나 좋았을까'라는 생각만 했을 뿐 필자가 할 수 있는 일이 없어서 좌절할 수밖에 없었다.

사실 종목이나 증시의 바닥은 지나고 나서야 알 수 있다. 경영, 경제학과에서 배우는 많은 이론들은 개괄적인 가이드라인일 뿐 그게 정확한 가격 측정이나 예상 도구가 되지는 못한다. **결국 시장은 사람들이 만들어가는 가격에 의해 움직이기 때문에, 정확한 기계 장치나 물리학 법칙처럼 움직이지 않는다.** 그러면서도 밑도 끝도 없이 움직이는 것이 아니라 어느 수준이나 지점에서는 거짓말처럼 균형을 찾아가는 것을 볼 수 있다. 전문가들도 그런 정도까지는 이야기해 줄 수 있을 것이다.

다만 착각하면 안 된다. 아무리 전문가라도 주식의 가격을 정확히 계산하거나 미래의 가치를 알 수는 없다. 하지만 그것을 예상하는 과정에서 오는 논리와 귀납적 통계를 잘 이용하면 투자자들에게 분명히 도움이 될 것이다.

"만약 시장이 내 생각과 다르게 움직일 때, 어떻게 대응할 것인가?"를 미리 생각해 놓고, 차분히 주식투자에 임하는 것이 가장 현명한 방법이라고 생각한다. 단순하게 나보다 많이 아는 것 같고, 공부를 많이 한 것 같다는 이유로 전폭적인 신뢰를 보내는 것보다는 훨씬 더 합리적이고 이해타산에 맞는 판단이다. 내 돈으로 투자하는데, 내 맘대로 해야 맞다.

왜 경제활동인 주식을 종교활동처럼 하는가?

결국 우리는 '가치'라는 것을 찾는 구도자다. 앞으로 가치가 있어 보이는 것을 찾아 헤매는 연금술사와 같은 사람인 것이다. '가치', 이 단어는 아주 형이상학적인 말이다. 한마디로 붕 떠있기 때문에 손에 잡히거나 보이지 않는다. 추상명사다.

이 가치를 투하된 노동이나 교환되는 노동 시간에 있다고 주장하면 칼 마르크스의 변증법적 유물론을 거쳐 공산주의로 가는 것이고, 가격이라는 시스템을 통해 형이상학적인 가치를 눈에 보이는 형이하학으로 현시하고자 한다면 자본주의가 되는 것이다.

하지만 엄밀히 말해서 우리는 가치라는 것의 가격을 정확하게 매길 수 없다. 그렇다 보니 오랜 기간 시행 착오도 생기고 생물들처럼 생명 주기도 발생하며 그런 과정에서 예기치 못한 변동성도 커지게 된다. 그래서 미래의 가치에 기준을 두고 거래를 하는 주식을 위험자산으로 분류하는 것이다.

눈에 보이는 논리와 정확한 근거가 없다 보니 어떤 거래에서도 명확한 기준이 없고, 그와 정비례하여 위냐 아래냐는 논쟁도 상당히 많다. 보이지 않기 때문에 하나하나가 다 불안하기도 하고 무언가 의지할 곳을 찾기도 하지만 그런 것들은 많지 않다. 추정 과정에서는 논리적 실수를 동반하게 되어 의도치 않은 손실도 보게 된다. 사람의 뇌 구조와 주식은 참 안 맞는 조합이다.

가장 비근한 예를 하나 들어보겠다. 차트 분석을 한다고 생각해 보자. 먼저 지금부터 필자가 얘기하는 것에 대해 오해가 없었으면 한다. 차트 분석은 CFA(미국증권분석사) 시험에 포함된다. 그만큼 매우 직관적이고 빠른 판단을 도와주는 유용한 도구임에 틀림없다. 그러나 그것을 잘못 이용하면 매우 위험한 판단 착오에 빠지게 된다.

이런 얘기를 혹시 들어본 적 있는가? "이동평균선이 정배열된 주식을 사면 무조건 수익을 낼 수 있습니다. 이것을 주식 대박의 제1법칙, 이동평균의 법칙이라고 합니다."

그림 3-11 **이동평균선 정배열을 보이는 포스코케미칼의 차트**

자료: 네이버금융

위 차트를 보면 이동평균선이 정배열되어 있음을 확인할 수 있다. 그런데 간과한 점이 있다. 주가가 오르는 시기에는 단기 이동평균보다 주가가 높고, 단기 이동평균선은 장기 아동평균선 위에 있게 된다. 당연하다. 주가가 오를 때 오늘부터 지난 5일 동안의 평균이 지난 10일의 평균이나 20일의 평균보다 높아야 한다. 이는 산수이자 법칙이다. 그렇게 되지 않을 수는 없다.

그런데 이를 거꾸로 뒤집으면? 이동평균선이 정배열되어 있다면 주가가 오르게 된다고 말한다면? 이건 논리적으로 문제가 있다. 2 곱하기 3은 6이다. 다른 값이 나올 수가 있나? 없다. 그런데 6이 꼭 2 곱하기 3만 되는 것은 아닌 것이다. 1 곱하기 6이나 0.5 곱하기 12도 될 수 있다.

개인 유튜브를 하다 보면 댓글로 공격을 받을 때가 많은데, 보통은 '차슬람'들인 경우가 많다. 이는 '차트+이슬람'의 합성어이다. 차트는 좋은 도구이지만 도를 넘는 수준의 논리적 비약과 만물 차트 기원설에 가까운 설명들을 보면 안타까울 때가 많다. **주식은 경제 활동이다. 그런데 많은 투자자들이 이를 종교 활동처럼 한다.** 좋은 도구라도 그걸 믿고 신봉하는 순간 피해는 고스란히 자기 자신에게 돌아온다는 것을 잊으면 안 된다.

서점에 가보면 투자에 성공하는 방법에 대한 많은 서적들이 진열되어 팔리고 있다. 가치투자, 장기투자, 포트폴리오투자, 퀀트투자, 그리고 차트매매, 단타매매 등 언뜻 보기에도 종류가 무척 많다. 그런데 그 많은 서적들이 말하는 내용들은 일정한 맥락 안에서만 효과를 발휘한다. 예를 들어 지금처럼 멀티플이 많이 빠지는 시기에 성장주에 투자하는 것은 큰 곤욕으로 돌아올 수 있다. 반대로 유동성이 많이 풀려서 큰 상승장이 오는데 가치주만 들고 있다면 상대적으로 큰 수익을 내기가 어렵다.

글을 쓰는 사람마다 본인들이 생각하는 좋은 주식과 좋은 투자 전략이 다르다. 예를 들어 펀드매니저의 경우 목표 수익률은 꾸준한 두 자리 수익률일 수 있다. 또 애널리스트들의 자료는 멀리 보는 장기적 전망과 디테일한 분석에 매우 유용하다. 그리고 차티스트나 브로커들은 시장의 변화에 따른 발 빠른 매매나 전술적 자금 운용에 초점을 맞춘 얘기를 많이 한다. 그러니 이야기의 두서를 잘라버리고, 단순하게 이해하거나 암기하는 행동은 지양해야 한다. 많이 읽고 공부하는 것은 좋지만 그 내용이 아전인수의 해석이 되거나 흑백논리의 근거로 사용된다면 공부를 아예 하지 않은 것보다 더 나쁜 결과를 초래할 수 있다.

사람은 왜 귀가 두 개고, 입이 하나겠는가? 좌우로 잘 듣고, 말은 신중하고 무겁게 하라는 뜻이 아닐까? 그런 의미에서 지난 15년간 내가 해온 증권브로커는 인체 창조 원리에 비추어봤을 때 매우 역행적인 구조의 직업임이 틀림없다. 말을 많이 하다 보면, 자기 주장을 옹호하거나 고집이 생기게 되고, 그에 비해 공부하고 조사하는 시간이 많이 부족해진다. 그렇기에 균형 잡힌 시각을 키우고, 나와 다른 의견에도 귀를 기울이며, 논리적으로 판단하는 일은 성공 투자를 위해 끝까지 노력하고 지켜가야 할 사항임에 틀림없다.

더 크게 열릴
'엘도라도'를 만나려면

투자의 범위를 넓혀라

주식시장에 들어온 투자자들은 본인의 정체성을 똑바로 직시해야 한다. 필자는 예전 주식시장에서 건설 관련된 주식들을 공부하던 중 정부가 금리를 내려 부동산을 부양하려 한다는 내용을 듣고 바로 그 주말에 부동산을 매수한 적이 있다. 그리고 나서 일주일 후에 정말로 경제부총리가 대규모 규제를 완화했고 미분양이던 주택들이 팔려나가기 시작했다.

결국 주식투자는 돈을 벌기 위해 하는 것이다. 그리고 주식투자는 투자라는 큰 범주 안에서 일부를 차지한다. 증권시장이라는 큰 범주에서는 채권과 주식으로 나뉘어질 수 있고, 부동산을 유동화한 증권까지 생각해 보면 단순히 삼성전자를 얼마에 사서 얼마에 파는 것에만 초점이 맞춰져서는 안 된다고 생각한다.

많은 정보들을 이리저리 쳐다보면 매우 양질의, 돈이 되는 정보들이 오가는 것을 볼 수가 있다. 쓰레기가 문제가 된다는 뉴스를 읽고 폐기물 처리 업체 주식을 사는 것이나 온라인 주문이 많이 되는 것을 보고 전자결제 업체 주식을 사는 것 등 주식시장에서 투자에 대한 생각은 매우 자유롭고 상식적이다.

숫자 너머 진정한 가능성을 보자

지금 시장에서 국채금리가 4.5%라고 하면 주식투자자들은 "에이 그깟 5%도 안 되는 걸로 부자 되겠어? 주식으로는 한 시간만에 단타로 벌 수 있는 수익률인데"라고 말할지도 모른다. 그런데 20~30년짜리 장기 채권을 매수해서 보유한다고 하면, 그리고 그게 이자를 중간에 한푼도 안 주는 할인채라고 하면, 기준금리가 1%만 내려가도 20~30%의 수익이 발생한다. 잘 생각해 보자. 주식은 금리가 내려간다고 해서 바로 올라간다는 보장이 없다. 여기서 떨어지지 않는 것하고 올라가는 것은 다른 문제다.

흔히 미국을 천조국이라고 부르는데, 그런 나라의 국채를 가지고 있으면서 4.5%의 이자를 받을 수 있다면? 그것도 20~30년간! 그건 매우 유리한 투자일 것이다. 이렇게 생각하는 것이 비단 보급형 전문가인 나뿐일까? 돈 많은 투자자들은 이미 투자 시점을 저울질하고 있을 것이다.

내려가지도 않는 금리가 언젠가 내려갈 것이라고 스스로를 희망고문 하면서 주식만 매수하고 버틸 것이 아니라, ETF를 통해 국채를 매수한 후 금리가 내려가서 채권이 큰 수익을 내면 그 이후 다시 주식으로 돈을 옮기면 되는 일이다. 그런데 지금 Fed의 피봇 Pivot만 검색하면서 하루를 보내고 있지 않은가? 증시가 주는 매우 유리한 정보들을 한쪽만 본 채 투자로 연결시키지 못하고 있는 것이다. 아래의 차트를 보자.

그림 3-12 **전 세계 주식 vs. 채권 연 수익률 추이(1996년~2020년)**

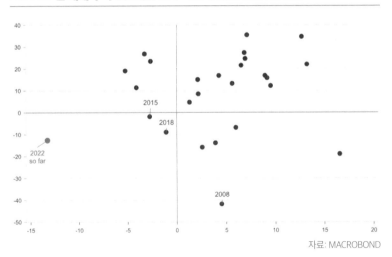

자료: MACROBOND

앞의 차트를 보면 1996년 이후, 채권과 주식시장이 같이 올라가는 구간, 즉 금리는 내려가고(채권 가격은 상승) 그에 따라 주식시장이 크게 상승하는 구간이 있는가 하면 어떤 때는 채권 가격은 올라가는데 주식은 마이너스가 나는 경우도 많다. 그리고 또 어떨 때는 주식은 마구 올라가는데, 채권은 떨어지는(금리를 인상하는) 구간도 존재한다.

그런데 금리만 내린다고(채권이 오른다고) 주식이 꼭 오른다는 보장이 있나? 그래프의 3사분면에서는 채권과 주식이 동시에 마이너스다. 심지어 아주 낮은 수익률로 투자자들에게 괴로움을 주기도 한다. 그러니 단순하게 금리가 내려가면 주가가 올라간다는 얘기는 잠시 넣어둬야 여러분의 계좌에 도움이 된다.

그림 3-13 **MSCI 신흥국 지수 대비 S&P500 지수(1988년~2022년)**

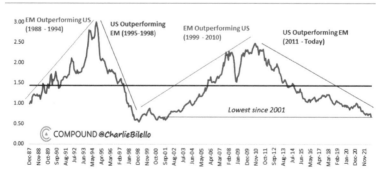

Period	MSCI EM Total Return	S&P 500 Total Return	Differential
Jan 1988 - Sep 1994	599%	133%	466%
Oct 1994 - Jan 1999	-44%	202%	-246%
Feb 1999 - Sep 2010	392%	10%	382%
Oct 2010 - July 2022	28%	357%	-329%

자료: Compound

앞 장의 차트를 보면 차트 위에 위치한 선이 올라갈 때는 신흥국Emerging market이 미국의 S&P 수익률을 초과하는 경우를 뜻하고, 내려갈 때는 미국의 S&P 수익률이 신흥국보다 높아지는 구간을 뜻한다.

이 같은 양상이 거의 10년마다 반복되는 것을 볼 수가 있다. 그런데 지금 투자자들의 기본 마인드는 어떠한가? 미국은 무조건 상승하는 꿈의 시장이고, 다른 시장은 패배자라고 말한다. 지난 10년만 그랬던 것이다. 물론 앞으로 쭉 상승할 수도 있지만, 그렇지 않을 가능성도 매우 크다. 금융시장의 흐름은 어떤 일정 지역이나 특정 증시만 찍어서 들어 올리지 않는다. 돈이 돌고 돌면서 만들어내는 흐름에 대한 정확한 이해가 있어야만 투자에 성공할 수 있다.

필자가 가장 사랑하는 책이 『브라질에 비가 내리면 스타벅스 주식을 사라』이다. 2003년 이후로 시간날 때마다 읽고 또 읽고, 잘 때도 끼고 자던 책이다. 거시경제의 변수가 어떻게 주식시장에 영향을 미치는지 설득력 있게 설명한 투자의 고전으로 한 번쯤 읽어보면서 그 책이 말하는 경제학적 마인드와 투자의 연결에 대해 꼭 한번 생각해 보기를 바란다.

어떤 이벤트가 발생하게 되면 경제적 로직을 따라 투자 지역을 선정하고, 여러 금융시장 중 어떤 시장을 선택할 것인가에 대한 결정이 선행적으로 필요하다. 즉 주식을 할 것인지, 채권이 나은 시기인지, 아니면 부동산에 간접적으로 투자를 하는 것이 나을지 고민해 보는 것이 먼저다.

지금은 주식, 채권, 부동산이 모두 버블인 역대급 상태로 자산 가격이 급격히 빠지고 있는 상황이다. 그렇다면 이럴 때는 어떻게 하면 좋을까? 어떤 자산을 사야 안전하게 돈을 벌 수 있을까?

삼성, 애플 다음의 주도주를 찾는 방법

많은 사람들이 애플, 테슬라와 같은 주식을 찾아 투자하고 큰 돈을 벌고 싶어 한다. 혁신이 일상인 미국주식에 투자하는 이유도 바로 거기에 있다. 그런데 혹시 브릭스Brics라는 용어를 들어본 적 있는가? 브라질Brazil, 러시아Russia, 인도India, 차이나China를 가리키는 용어로 2000년대 초반 투자를 했던 사람이라면 절대 잊어버릴 수 없는 단어일 것이다. 2000년대 초반, 각국의 투자자들은 있는 돈, 없는 돈 탈탈 털어서 저 네 나라의 자원과 내수 시장을 선점하기 위한 투자를 진행했고 전 세계 자금이 이곳에 몰렸다. 당연하게도 당시 네 나라의 증시는 불을 뿜었다.

다음 장의 차트를 보면 2003년부터 2007년 말까지 4년간 종합 지수 자체가 6배 오른 것을 알 수 있다. 가장 맨 위에 위치한 선이 브라질, 중간은 중국, 마지막은 미국이다. 그냥 브릭스 국가 지수에 투자하기만 해도 엄청난 수익을 낼 수 있었다. 반면 미국은

그림 3-14 **2000년 초반 브라질, 중국, 미국의 증시**

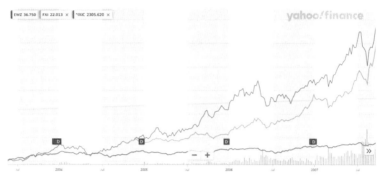

자료: Yahoo Finance

78% 수익률에 그치고 있었다. 무조건 미국이 옳다는 말이 정답이라고 생각하나? 같은 기간 미국의 달러는 다른 통화에 비해 약세였다.

필자는 기본적으로 지역을 선택하고 그 안에서 가장 성장이 강력한 폭주기관차 같은 업종을 선택한 후 종목에 배팅하는 탑다운 Top down 방식을 매우 선호한다. 탑다운 방식으로 투자시장을 보다 보면 국내 증시에서도 어떤 것들이 주도주가 될 것인가에 대한 감을 잡을 수 있다. 저 당시 우리나라는 중국과 브라질의 인프라 투자 수요에 맞춰 조선주가 대장주로 튀어 올랐고 10~30배 수익을 내는 장세가 연출되었다.

증시가 가장 사랑하는 단어 하나를 꼽으라고 하면 바로 '성장'일 것이다. 엄청난 성장만 찾으면 주식투자는 매우 간단하다. 지금은 예전 브릭스 부흥 당시 있었던 조선주와 같은 흐름이 2차전지나 방위 산업, 그리고 비메모리 반도체에서 일어날 가능성이 매우 높다.

다음 성장 사이클cycle은 어디에서 시작될까? 필자는 에너지 구조 전환에 따른 생태계 변화, 그리고 AI, 로봇, 자율주행 등 큰 틀에서의 기술적 변화가 성장을 이끌어갈 것이라고 생각한다. 그렇다면 그 업종 중에서는 미국이 가장 잘하는 업종이 있을 수 있고, 반대로 그 외 지역에서 좋은 종목을 골라야 더 큰 수익을 낼 수 있는 것들도 있을 것이다.

결국 '스트롱바이'는 다시 온다

지금 증시는 매우 어려운 상황이다. 거의 1년 3개월 동안 지수가 하락했다. 이는 추세적인 하락이었다. 잠깐의 반등은 있었지만, 손실을 조금 줄여볼까 하는 마음에 들어갔다가 물리고 손절하고를 반복하면서 수익률이 좋지 않은 투자자들이 많은 것을 필자는 잘 알고 있다.

사실 이런 역 실적 장세에서 살아남는 방법은 단 한 가지뿐이다. 큰 건물이 붕괴하는 것처럼 '쿵' 하는 소리가 난 후 시장에서 분진이 충분히 가라앉기를, 현금을 보유한 채로 기다리는 것이다.

시장이 하락할 때도 올라가는 주식들이 분명히 있다. 그걸 혹

리세션의 뜀틀을 밟고, 스트롱바이가 온다!

자는 주도주라고 말하곤 한다. 그런데 그것은 주도주가 아니라 일종의 니치Niche이다. 틈새일 뿐 시장이 하락할 때의 주도주는 결국 인버스다. 이것을 인정해야만 한다. 그렇지 않으면 쉬어야 할 때, 니치를 주도주라고 착각한 나머지 거기에 큰 돈을 때려 박으면서 손실을 자초하게 된다.

우생마사牛生馬死의 형국이다. 원하는 대로 일이 순조롭게 잘되는 때라기보다는 아무리 애써도 결과가 더디고 오히려 꼬이기만 할 때라는 말이다. 이때 투자자는 자신의 능력을 믿기보다 큰 흐름이 어떠한가를 고민하고, 최선을 다하는 수밖에 없다. 그렇게 해야 하락이 마무리될 즈음, 보다 확신을 갖고 좋은 주식을 매수해 나갈 수 있다.

결국 Fed가 정책적인 호흡을 통해 돈을 풀고 죄면서 나오게 되는 강세와 약세장의 흐름을 이해해야 한다. 어차피 경제는 성장하기에 증시의 지수도 길게 보면 우상향하는 것이 맞다. 그런데 우리는 왜 돈을 벌지 못할까? 그냥 참을성이 없어서 장기투자를 안 하기 때문일까? 그렇지 않다. 하락하는 시장에서 더 좋은 기회를 보려 하지 않고, 고집을 부리고, 방법에 대한 고민없이 하락 추세임에도 주식을 계속 매수하겠다는 결심을 해버린 게 문제다.

Fed가 유동성을 죄기 시작하면 리스크risk 관리를 하면서 좋은 투자 기회를 기다려야 하는데, 보통은 너무 서두른 나머지 그 기회의 문턱에 닿기도 전에 이미 그로기groggy 상태가 되어버린다.

그림 3-15 **Fed 자산 vs. S&P500 수익률**

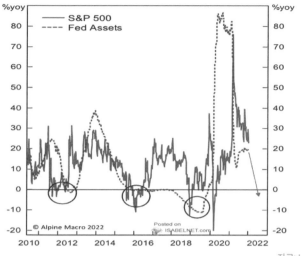

자료: Isabelnet

위에서 점선 차트는 Fed의 자산asset을 의미한다. Fed가 돈을 풀게 되면 Fed의 자산이 증가한다. 채권을 받고 현금을 내어주기 때문에 Fed의 재무제표에 자산이 증가하게 되는 것이다. 그럴 때 S&P500 지수는 차분히 내려가게 된다.

이 지표가 '0' 이하로 내려가게 되면 긴축을 의미한다. 채권을 줄인다는 것은 현금, 즉 유동성을 Fed가 빨아들인다는 것을 의미하고 몇 분기가 지나면 S&P500 지수가 크게 하락하게 된다. 지금은 역대급 긴축이 진행되고 있는 상황이다.

그림 3-16 **M2 통화 유동량(M2 Money Stock)과 소비자물가지수(CPI)**

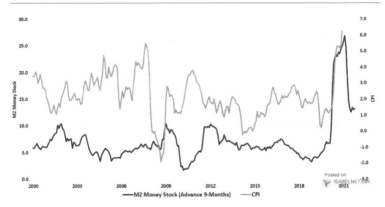

자료: Isabelnet, Real Investment Advice

　돈이 다 풀려서 자산도 오르고 인플레이션이 왔다. 이제는 그것이 꺾여 내려가는 중이다. 이제부터는 통화가 줄어들면서 일어나는 투자 기회를 봐야 한다. 한 달, 두 달이 아닌 몇 년에 걸친 흐름이 될 수도 있다.

　위의 차트를 보자. Fed는 늘 일정한 기준이 충족되면 긴축을 해왔다. 그리고 Fed의 마음이 긴축에서 완화로 바뀌는 구간에서는 여지없이 경기 침체recession가 있어 왔다. 우리는 지금 경기 침체로 가고 있는 중이다. 그렇게 생각해야 안전한 투자를 할 수 있다. 버는 것보다 중요한 것은 깨먹지 않는 것이다.

　경기 침체가 약한 것이든, 매우 거친 것이든 고민할 것도 없다. 그런 기간 동안 상승하는 종목을 잡아보겠다고 생각할 것도 없다. 왜냐면 길어봐야 1년 정도의 기간이 걸릴 뿐이기 때문이다. 그냥

그림 3-17 **Fed의 긴축과 경기 침체(Recession)**

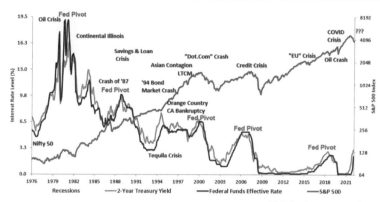

자료: Real Investment Advice

길게 봐서 10년마다 한 번씩 오는 위험한 구간을 1년의 휴가라고 생각하면서 쉬면 안 되겠나? 왜 그동안의 13년 상승장을 이용하여 자산을 증식하지 못하고, 왜 1년 남짓의 위험한 경기 침체 기간 동안 주식을 사 모으거나, 물린 주식에 돈을 추가로 태워야 하나? 그냥 현금을 비축하거나, 안전한 곳에 투자를 진행하는 것이 맞지 않겠나?

지금의 큰 하락장이 지나고 나면 엄청난 기회들이 우리를 맞이하게 될 것이다. **지금까지의 역사적 사례를 분석해 보면 다가올 2023년은 차분히 경기 침체를 받아들이고 준비한 사람들과 그렇지 않은 사람들의 부의 재분배가 일어날 것이 분명해 보인다.**

40년 만에 우리를 찾아온 인플레이션이라는 호랑이에 물리지 않고 이를 무사히 잘 돌려보내고 나면, 젖과 꿀이 흐르는 땅에서 큰 황소들이 뛰어노는 엄청난 강세장을 다시 볼 수 있을 것이다. 그전에 물려 죽으면 안 된다.

그게 2023년이다, 2024년이다, 언제다라는 예측에 괜한 에너지를 쏟지 않았으면 한다. 그냥 지켜보고 관찰하면 된다. 그냥 현금 쥐고, 빚 갚고, 좋은 주식들을 찾고 관찰하고 지켜보면 된다. 현금을 충분히 들고, 경기 침체 기간 동안 이익과 매출이 성장하는 종목과 업종을 공부하고 추적하면서 시간을 보낸다면, 척박한 건기 같은 기간도 눈 깜짝할 새에 지나치게 될 것이다.

투자 순서는 하락한 순서의 반대로 하면 된다. 채권이 먼저 빠졌으면 채권부터 투자하고, 부동산이 늦게 빠진다고 하면 그것을 가장 늦게 투자하면 될 것이다. 주식은 위험자산이고 우리가 생각하는 것과는 매우 다른 방식으로 시세를 반영한다. 하루하루 바뀌는 시세에만 집중하면, 더 크게 열리는 엘도라도를 놓쳐버릴 수도 있다.

경기 침체가 오고 난 후 지금의 유럽이나 한국은 미국보다 더 좋은 투자 대상이 될 수도 있고, 지금은 별로 인기가 없는 건설이나 엔지니어링이 새로운 주도주로 부각될 수도 있다. 열린 마음으로 차분히 대비하는 것이 필요하다.

04장

우리가 얻는 것

정채진
개인투자자

우리가 얻는 것, ROE

왜 ROE인가?

'오마하의 현인'이자 세계적인 투자가 워런 버핏Warren Buffett은 2014년에 그의 투자 회사 버크셔 해서웨이BERKSHIRE HATHAWAY의 기업 인수 기준에 대해 다음과 같이 말한 바 있다.

우리는 다음 기준을 모두 충족하는 기업의 사장이나 대리인이 연락 해주시기를 고대합니다.

① 대기업(우리 기존 사업부에 딱 들어맞는 기업이 아니라면 세전 매출액이

  7500만 달러 이상)

② 지속적인 수익력을 입증(미래 예상 수익이나 '회생 기업'은 관심 없음)

③ 부채가 적거나 없고 ROE가 높은 기업

④ 경영진이 있는 기업(우리는 경영진을 공급하지 못함)

⑤ 사업이 단순(복잡한 기술을 다루는 회사는 우리가 이해하지 못함)

⑥ 매각 가격(가격이 미정인 상태에서 협상하느라 시간을 낭비하고 싶지 않음)

출처: P. 184~185, 『워런 버핏 바이블』 워런 버핏, 리처드 코너스 지음, 이건 편역, 신진오 감수,
에프엔미디어

①, ④는 워런 버핏 같은 규모의 투자자가 고려해야 하는 것이니 제외하고, ⑥은 상대방이 가격을 제시하라고 하고 있으니 이 또한 제외하면, 일반투자자가 참고할 수 있는 항목은 ②높은 영업이익률, ③부채가 낮으면서도 ROE는 높을 것 ⑤이해가능한 단순한 사업이어야 한다는 세 가지다.

워런 버핏은 기회가 있을 때마다 경쟁자들의 도전과 경쟁을 물리칠 수 있는 '경제적 해자'가 있는 기업을 강조해 왔고 실제로 그런 기업에 투자해 왔다. 위에서 표현하고 있는 ②높은 영업이익률과 ③높은 ROE가 경제적 해자를 가진 기업들이 보이는 특징을 정

량적으로 표현한 것이라고 볼 수 있겠다. ⑤에서 언급한 이해할 수 있게 단순한 사업인가 하는 것은 기업의 장기적인 전망이 가능한가를 결정짓는 요인이므로 ②와 ③의 지속성 여부와 관련되어 있다.

버크셔 해서웨이의 기업 인수 기준을 한 문장으로 나타내면 '**경제적 해자가 있으며 장기적으로 성장할 수 있는 기업을 좋은 가격에 사겠다는 것**'이다.

워런 버핏은 가격과 가치에 대해 '가격은 당신이 지불하는 것이고 가치는 당신이 얻는 것이다'라고 말한 바 있는데, 위 글에서 언급된 ROE가 투자자가 얻는 가치를 총체적으로 표현하는 지표라 할 수 있다.

따라서 이번 글에서는 ROE를 중심으로 이야기를 해볼까 한다.*

자기자본이 커지는 속도, ROE

먼저 ROE(Return on Equity, 자기자본이익률)는 다음과 같이 구한다.

---

* 2020년 필자가 공저한 『코로나 투자 전쟁』에서는 워런 버핏의 부동산 매수 경험담을 토대로 주식투자 시 얻을 수 있는 시사점을 설명했다. 2021년 공저한 『버핏클럽 4』에서는 현금흐름을 기반으로 기업을 어떻게 가치평가할 것인가에 대해 설명하고 예시를 든 바 있다. 이번 글은 밸류에이션과 관련된 세 번째 글로 필자의 이전 글들도 같이 읽어보면 도움이 될 것이다.

자산은 자기자본과 부채로 이루어져 있다. 예를 들어 20억 원짜리 부동산을 샀는데 10억 원은 자신의 돈으로, 10억 원은 은행에서 대출을 통해 조달했다면 여기서 10억 원은 자기자본, 다른 10억 원은 부채가 된다. ROE는 이 자기자본 10억 원 대비 얼마나 수익을 내고 있는가를 나타내는 수치다.

$$ROE = \frac{당기순이익}{기초의\ 자본총계와\ 기말의\ 자본총계의\ 평균}$$

예시를 통해 ROE를 직접 계산해 보자. 만약 2020년 말에 자본금 1억 6,000만 원으로 카페를 개업해 2021년 한 해 동안 8,000만 원의 이익을 냈고, 그 결과 2021년 말에 자본금이 2억 4,000만 원이 되었다면 ROE는 40%가 된다.

$$ROE = \frac{8,000만\ 원}{1억\ 6,000만\ 원과\ 2억\ 4,000만\ 원의\ 평균}$$

$$= \frac{8,000만\ 원}{2억\ 원}$$

$$= 40\%$$

이번에는 같은 카페를 자본금 8,000만 원과 은행에서 빌린 돈 8,000만 원, 총 1억 6,000만 원으로 개업해 8,000만 원의 이익을 냈다고 생각해 보자. 2021년 말 자본금이 1억 6,000만 원, 은행 빚은 그대로 8,000만 원이라면 ROE는 약 67%가 된다. 부채 없이 사업을 했을 때보다 ROE가 높지만 사업이 뜻대로 되지 않아 손실이 났을 때는 자본금이 감소하는 속도가 더 빨라질 수 있다.

$$\text{ROE} = \frac{8{,}000\text{만 원}}{8{,}000\text{만 원과 1억 6{,}000만 원의 평균}}$$

$$= \frac{8{,}000\text{만 원}}{1\text{억 2{,}000만 원}}$$

$$= 66.66666\cdots\%$$

카페에 투자한 사람의 수익률이 ROE로 표현될 수 있듯이 **기업에 투자한 사람이 장기적으로 기대할 수 있는 수익률도 궁극적으로는 ROE에 의해 결정된다.** 물론 주식시장에는 시장 가격이 있어서 매수한 가격보다 더 높은 가격에 매도할 수 있다면 그 차이가 수익률이 된다. 하지만 본질적인 면을 생각한다면 기업에 투자했을 때 투자자가 얻을 수 있는 것은 결국 ROE에 의해 결정된다.

만약 주식시장이 10년간 열리지 않다가 10년 뒤에 단 한 번만 매매할 수 있다면 우리는 10년 동안 높은 ROE를 꾸준히 유지할 수 있는 기업을 선택해야 할 것이다. 기업에 투자하는 이유는 기업이 돈을 벌고 투자자에게 분배해 줄 것이라는 믿음을 기반으로 한다. 결국 자기자본이 10년 뒤에 얼마나 커져 있느냐가 중요하며 이때 자기자본이 커지는 속도는 결국 ROE에 달려 있다.

따라서 기업의 가격이 가치에 비해 얼마나 저평가되어 있는지, 고평가되어 있는지를 보기 위한 판단의 시작점을 ROE로 하는 것이 좋을 것 같다.

PER과 ROE의 관계

ROE가 기업가치에 미치는 영향을 알아보기 위해 한 가지 사고실험Thought Experiment을 해보자.

여기 자본총계가 1,000억 원인 기업이 있다고 가정해 보자. 이 기업은 향후 9년간 ROE 10%가 유지되는 기업이다. 계산 편의상 여기서는 ROE를 '당기순이익/전기 말 자본총계'로 정의하고 배당 없이 벌어들인 순이익을 모두 기업에 유보한다고 가정하겠다.

표 4-1 **ROE 10%가 유지되는 기업** (단위: 억 원)

	현재	1년 차	2년 차	3년 차	4년 차	5년 차	6년 차	7년 차	8년 차	9년 차
순이익		100	110	121	133	146	161	177	195	214
자본총계	1,000	1,100	1,210	1,331	1,464	1,611	1,772	1,949	2,144	2,358
ROE		10%	10%	10%	10%	10%	10%	10%	10%	10%
누적순이익		100	210	331	464	611	772	949	1,144	1,358

ROE 10%가 유지되는 기업은 위의 표에서 보는 바와 같이 순이

익이 매년 전년대비 10%씩 증가한다. 만약 이 기업의 현재 시가총액이 1,000억 원이라면 1년 차 순이익이 100억 원이므로 1년 차 순이익을 기준으로 한 PER(Price Earnings Ratio, 주가수익비율, 시가총액/순이익으로 계산하며 수치가 낮을수록 저평가를 의미)은 10배(=시가총액 1,000억 원/1년차 순이익 100억 원)가 된다.

하지만 누적순이익을 보면 7년 차와 8년 차 사이에 현재 시가총액 1,000억 원을 넘어서므로 실질적인 PER은 7~8배라고 할 수 있다. 누적순이익이 매수 당시의 시가총액을 넘어서는 시점에 원금 회수가 이뤄졌다고 볼 때, ROE 10%가 유지되는 기업을 1년 차 순이익의 PER 10배에 사는 것은 실제로는 PER 7~8배에 사는 셈이다.

이번에는 표 4-2처럼 향후 9년간 ROE 20%가 유지되는 기업이 있다고 생각해 보자. 다른 조건은 모두 표 4-1과 동일하다. 이 기업의 현재 시가총액이 4,000억 원이라면 1년 차 순이익을 기준으로 한 PER은 20배(=시가총액 4,000억 원/1년차 순이익 200억 원)가 된다.

표 4-2 **ROE 20%가 유지되는 기업** (단위: 억 원)

	현재	1년 차	2년 차	3년 차	4년 차	5년 차	6년 차	7년 차	8년 차	9년 차
순이익		200	240	288	346	415	498	597	717	860
자본총계	1,000	1,200	1,440	1,728	2,074	2,488	2,986	3,583	4,300	5,160
ROE		20%	20%	20%	20%	20%	20%	20%	20%	20%
누적순이익		200	440	728	1,074	1,488	1,986	2,583	3,300	4,160

하지만 누적순이익을 보면 8년 차와 9년 차 사이에 시가총액 4,000억 원을 넘어서므로 실질적인 PER은 8~9배가 된다. ROE가 20%가 유지되는 기업을 1년 차 순이익의 PER 20배에 사는 것은 실제로는 PER 8~9배에 사는 셈이다. ROE 20%가 유지되는 기업은 순이익이 매년 전년대비 20%씩 증가한다. 따라서 ROE 20%가 유지되는 기업은 지금 PER이 20배라 해도 7년 차 순이익 기준으로는 PER이 약 4배에 불과하므로 비싸게 사는 것이 아닐 것이다. PER 20배는 ROE 20%에 맞는 적정 배수라고 할 수 있다.

이번에는 표 4-3처럼 향후 9년간 ROE 50%가 유지되는 기업이 있다고 생각해 보자. 다른 조건은 역시 모두 동일하다. 이 기업의 현재 시가총액이 2.5조 원에 거래되고 있다면 1년 차 순이익을 기준으로 한 PER은 50배(=시가총액 2.5조 원/1년차 순이익 500억 원)라는, 엄청 비싸 보이는 가격에 거래된다.

표 4-3 **ROE 50%가 유지되는 기업** (단위: 억 원)

	현재	1년 차	2년 차	3년 차	4년 차	5년 차	6년 차	7년 차	8년 차	9년 차
순이익		500	750	1,125	1,688	2,531	3,797	5,695	8,543	12,814
자본총계	1,000	1,500	2,250	3,375	5,063	7,594	11,391	17,086	25,629	38,443
ROE		50%	50%	50%	50%	50%	50%	50%	50%	50%
누적순이익		500	1,250	2,375	4,063	6,594	10,391	16,086	24,629	37,443

하지만 누적순이익을 보면 8년 차와 9년 차 사이에 2.5조 원을

넘어서므로 실질적인 PER은 8~9배가 된다. ROE가 50%가 유지되는 기업을 1년 차 순이익의 PER 50배에 사는 것은 실제로는 PER 8~9배에 사는 셈이다.

향후 9년간 ROE 50%가 유지되는 기업을 PER 50배에 사는 것은 비싸게 산 것처럼 보일 수 있다. 하지만 사실은 ROE 10%가 유지되는 기업을 PER 10배에 사는 것과 비교했을 때 그렇게 많이 비싸게 산 게 아니라는 것을 알 수 있다. 오히려 10년 차 이후에도 ROE 50%가 유지된다고 가정하면 ROE 10%가 유지되는 기업을 PER 10배에 사는 것보다 훨씬 싸게 사는 것이다. 물론 그렇게 ROE 50%가 장기간 유지될 괴물 같은 기업이 없고, 있더라도 매우 드물겠지만 말이다.

요약하자면 ROE가 장기간 높게 유지될 수 있는 기업의 가치는 ROE가 낮게 유지되는 기업의 가치보다 더 높다. 그리고 그 정도는 ROE 10%가 9년 정도 유지되는 기업을 현재 순이익의 PER 10배에 사는 것과 ROE 20%가 9년 정도 유지되는 기업을 현재 순이익의 PER 20배에 사는 것이 실제로는 비슷한 선택이라는 것을 의미한다. 당연히 ROE가 높게 유지되는 기간이 길면 길수록 더 좋은 투자 대상임을 알 수 있다.

높은 ROE를 오래 유지하는 기업들의 실제 사례

우리나라에는 경기 변동에 민감한 기업이 많아서 ROE가 장기 간 높게 유지되는 기업의 수가 그렇게 많지는 않다. 그중 리노공업 (058470)은 높은 ROE가 오래 유지되고 있는 기업 중 하나인데, 지난 19년 동안 2008년 금융위기 영향을 받은 2009년을 제외하고는 ROE 가 16% 밑으로 내려간 적이 없을 정도로 꾸준한 성과를 내고 있다.

수입에 의존하던 검사용 탐침PROBE과 반도체 검사용 소켓IC TEST SOCKET을 자체 브랜드로 개발해 제조 판매하는 사업과 초음파 진단 기 등에 적용되는 의료기기 부품을 제조 판매하는 사업을 영위하 고 있다.

표 4-4 **리노공업의 ROE, 영업이익률, PER**

	2003	2004	2005	2006	2007	2008	2009	2010	2011	2012
ROE	21%	30%	27%	25%	22%	18%	12%	21%	20%	22%
영업이익(억 원)	72	128	144	157	141	139	101	220	234	277
영업이익률	33%	39%	38%	38%	35%	33%	28%	39%	35%	37%
PER(배)	11	7	12	11	8	7	15	8	9	11

	2013	2014	2015	2016	2017	2018	2019	2020	2021	
ROE	20%	21%	20%	19%	19%	20%	19%	17%	28%	
영업이익(억 원)	288	327	360	393	492	575	641	779	1,171	
영업이익률	36%	35%	36%	35%	35%	38%	38%	39%	42%	
PER(배)	14	19	22	19	22	15	19	37	29	

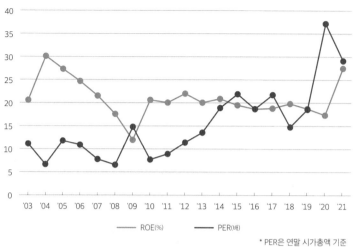

리노공업의 ROE와 PER

──── ROE(%)　　──── PER(배)

* PER은 연말 시가총액 기준

　40년 이상의 업력 동안 축적된 노하우, 짧은 납기에 대응할 수 있는 생산 시스템, 원가경쟁력 등의 높은 진입장벽을 보유하고 있어 해자를 여러 겹 파놓은 성Castle과 같은 기업이다. 주로 다품종, 주문 생산으로 제작하는 제품인 데다 시장규모가 크지 않아 대기업의 진출이 쉽지 않다. 더욱이 소모성 부품이므로 반복 구매를 할 수밖에 없어 매년 30%가 넘는 영업이익률을 보이고 있다.

　2003~2012년까지 무려 10년 동안 20% 내외의 ROE를 보였음에도 불구하고 2007~2009년까지 매출액 증가율이 낮아 생긴 성장에 대한 의문으로 2012년까지 PER 10배 내외의 저평가 상태에 있었다. 하지만 IoT, AI, 5G, VR, AR, 빅데이터, 자율주행, 전기차처럼 IT관련 디바이스에 대한 수요가 증가하면서 반도체 시장 성장

과 함께 리노공업 제품에 대한 수요도 증가할 수밖에 없다는 성장성을 인정받으면서 2014~2019년까지 PER은 20배 내외로 상승했다. 표 4-2에서 설명했던 바에 딱 맞는 예시라고 할 수 있다.

2003년 영업이익이 72억 원에 불과했으나 2021년 영업이익은 무려 1,171억 원으로 16배가 증가했다. ROE가 높은 상태로 오랫동안 유지되는 힘이 이렇게 무섭다. 동 기간 동안 주가는 2003년 말 4,110원에서 2021년 말 198,300원으로 무려 48배나 상승했는데, 이는 이익이 16배 증가했을 뿐만 아니라 PER 역시 2003년 11배에서 2021년 29배로 확장되었기 때문이다.

주의할 점은 높은 ROE가 오랫동안 지속될 수 있는 사업이 그렇게 많지 않다는 것이다. 따라서 어떤 기업의 현재 ROE가 20%라고 해서 PER 20배까지 상승한다는 믿음을 가져서는 안된다. ROE를 높게 유지시켜 주는 구조적인 요인이 있어야만 한다. 2021년에는 ROE가 28%로 증가했는데 고부가 제품의 비중이 올라가 제품믹스Product Mix(판매하는 제품 구성)가 개선되며 영업이익률이 42%까지 상승한 덕분이었다. 주식시장 급등은 2020년 말~2021년 PER이 일시적으로 37배까지 올라가게 만들었다. 향후 ROE가 더 높아질 수 있는지 지켜봐야겠지만 지금까지의 논의로 볼 때 28% ROE로 PER 37배는 과도한 수준이었음을 알 수 있다.

ROE 상승이 PER 상승으로 이어지는 예를 하나 더 살펴보자. 케이아이엔엑스(093320)는 기업 고객을 대상으로 인터넷 인프라 서비스를 제공하는 사업을 하고 있다. IX_{Internet Exchange}(SK, KT 같은 인터넷 서비스 사업자들의 인터넷 회선을 연동하는 사업)라는 고마진 사업이 있으나 IX 사업의 매출액 증가에 한계가 있어 관련 사업인 IDC, 클라우드, CDN 사업으로 점차 확장했다.

표 4-5 **케이아이엔엑스의 ROE, 이익률, PER**

	2012	2013	2014	2015	2016	2017	2018	2019	2020	2021
ROE	12%	13%	12%	10%	11%	12%	20%	20%	16%	14%
영업이익률	19.4%	17.7%	17.2%	16.8%	17.6%	19.4%	23.4%	25.5%	25.2%	23.4%
순이익률	16.0%	16.8%	15.4%	10.8%	14.3%	14.2%	22.1%	24.3%	22.2%	19.4%
영업이익(억 원)	53	54	63	71	78	92	132	165	178	197
순이익(억 원)	40	48	51	46	58	65	122	150	149	159
PER(배)	15	12	13	18	12	10	10	12	23	15

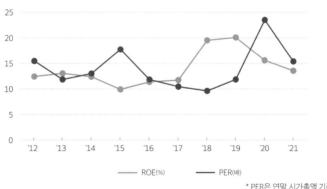

케이아이엔엑스 ROE와 PER

ROE(%) ——— PER(배)

* PER은 연말 시가총액 기준

신사업에 대한 투자가 늘어나 비용이 늘어났으나 해당 분야의 매출 성장은 크지 않아 영업이익률이 2012년 19.4%에서 2015년 16.8%까지 줄어들었다. 더욱이 현금 유출 없는 무형자산 상각 및 차손처리 때문에 순이익률은 2012년 16.0%에서 2015년 10.8%로 더 크게 하락했다. 이익률이 줄어들고, 투자에 비해 매출 성장은 더디자 ROE 역시 2012년 12%에서 2015년 10%로 점진적으로 떨어지고 있었다. 과거 성장성이 높을 때는 PER 15배 이상에 거래되기도 했으나 2017년 PER은 10배까지 떨어졌다.

하지만 2017년부터 클라우드, CDN 등 신규 사업에서의 매출이 본격적으로 증가하면서 영업이익률이 다시 증가하기 시작했고, 특히 무형자산 상각 및 차손처리하던 것이 종료되며 2018년 순이익률이 빠르게 정상화되었고 2018년 ROE는 20%로 회복되었다. 앞의 표 4-5에서 보는 바와 같이 2017년 한때 10배 수준까지 떨어졌던 PER은 2019년부터 상승하기 시작해 2020년에는 23배까지 상승했다.

2017년 대비 2020년 순이익은 130% 증가했으나 PER이 상승한 효과가 겹치면서 주가는 2017년 말 대비 2020년 최고가까지 617% 상승했다.

ROE와 기대수익률

이제 우리는 ROE가 높게 유지되는 기업일수록 더 가치가 있고, 시장에서 더 높은 PER 배수로 인정받을 가능성이 높다는 것을 알게 되었다. 그런데 ROE가 높게 유지될 수 있는, 멋진 사업 기회라 하더라도 지나치게 높은 가격에 매수한다면 좋은 투자가 될 수 없다. 리노공업의 2021년 PER이 일시적으로 37배까지 올라갔을 때 샀던 사람은 지금쯤 주가 하락으로 고전하고 있을 것이다.

그렇다면 ROE가 높게 유지되는 기업이 좋다는 것은 알겠는데 얼마의 가격에 사는 것이 좋을까? 아쉽게도 워런 버핏은 가격이 맞으면 사줄 테니 매각 가격을 상대방이 먼저 제시하라고 말하고 있다(버크셔 해서웨이의 기업 인수 기준 6번에 해당).

만약 매년 ROE 15%가 10년간 보장되고, 10년 뒤 늘어난 자기 자본만큼 누군가가 되사주는 멋진 사업 기회가 있다고 생각해 보자. 복리로 기대수익률이 연 15%인 투자자라면 이 사업을 얼마에 인수하는 것이 좋을까? 비교적 쉬운 문제다. 부채비율이 적정 수준 이하이고 PBR(Price Book Value Ratio, 주가순자산비율) 1배 이하라면 이 사업을 기꺼이 매수해야 한다. 매년 자기자본이 15%씩 늘어날 사업이므로 이 사업만 가지고 있으면 투자자가 기대하는 수익이 충족될 것이다.

만약, 복리로 기대수익률이 연 20%인 투자자라면 PBR 몇 배에 매수해야 할까? PBR 1배보다는 낮아야 할 것 같은데 직관적으로는 답이 바로 떠오르지 않는다. 『채권쟁이 서준식의 다시 쓰는 주식 투자 교과서』에 보면 이 과정이 잘 설명되어 있다. 저자인 서준식 교수는 버핏식 채권형 주식 기대수익률 산정 방식 5단계를 아래와 같이 제시하고 있다.

버핏식 채권형 주식 기대수익률 산정 방식 5단계

- **1단계:** 채권형 주식의 현재 가격과 순자산가치를 확인한다.
- **2단계:** 과거의 ROE 추이 관찰 등을 통해 미래 10년간의 평균 ROE

를 추정한다.

• 3단계: 10년 후 예상되는 채권형 주식의 순자산가치를 구한다. '현재 순자산가치×미래 추정 ROE 10년 승수=10년 후 예상 순자산가치'

• 4단계: 예상 순자산가치를 현재 가격으로 나눈 값이 10년의 몇 퍼센트 승수인지 찾는다. '예상 순자산가치/현재 가격=기대수익률 10년 승수'

• 5단계: 계산된 채권형 주식의 기대수익률이 투자자의 목표 기대수익률보다 높을 경우 채권형 주식에 투자한다.

출처: P. 221, 『채권쟁이 서준식의 다시 쓰는 주식 투자 교과서』 서준식 지음, 에프엔미디어

그림 4-1 **도식화한 서준식 교수의 버핏식 채권형 주식 기대수익률 산정 방식**

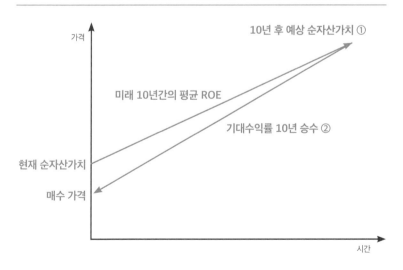

현재 순자산가치가 10,000원이고 미래 10년간 매년 ROE가 15%로 유지될 수 있는 경쟁력 있는 사업이라면 10년 뒤 순자산가치는 10,000원에 1+15%를 10번 곱한 만큼 늘어날 것이다. 계산하면 10,000원 × 1.15 × 1.15 × 1.15 × 1.15 × 1.15 × 1.15 × 1.15 × 1.15 × 1.15 × 1.15 = 10,000원 × 약 4.05 = 약 40,500원이 된다. 그림 4-1의 ① 과정이다.

10년 뒤 얻게 되는 순자산가치 40,500원을 기대수익률 20%(1+20%)로 10번 나눠주면 20%의 기대수익률을 가진 투자자가 매수할 수 있는 가격이 도출된다. 계산하면 40,500원 / 1.20 / 1.20 / 1.20 / 1.20 / 1.20 / 1.20 / 1.20 / 1.20 / 1.20 / 1.20 = 40,500원 × 약 0.1615 = 약 6,541원이다. 그림 4-1의 ② 과정이다.

요약하면 현재 순자산가치가 10,000원인 기업이 미래 10년 동안 매년 ROE가 15%로 성장하면 10년 후 순자산은 40,500원이 되고 10년 후 순자산가치가 40,500원이 되는 기업을 사서 복리로 연 20% 수익을 거두고 싶은 사람은 6,541원에 사면 된다. 검산해 보면 6,541원 × 1.20 × 1.20 × 1.20 × 1.20 × 1.20 × 1.20 × 1.20 × 1.20 × 1.20 × 1.20 = 40,500원이 된다는 것을 알 수 있다.

『채권쟁이 서준식의 다시 쓰는 주식 투자 교과서』의 뒷편에 <연 복리승수 조견표>가 나와 있는데 그 표를 보면 복리로 매년 10%씩 증가하면 10년 뒤에 약 2.59배가 되며, 복리로 매년 20%씩 증가하면 10년 뒤에 약 6.19배가 되는 것을 확인할 수 있다. 이를 이용하면 1.15를 10번 곱하고 1.20을 10번 나누는 수고로움을 덜 수 있으니 참고로 보면 좋겠다. 아래 표에서 보는 바와 같이 15% 수익을 10년 동안 내면 4.05를 곱해주면 되고 10년간 복리 기대수익률을 연 20%를 주는 가격을 구하려면 6.19를 나눠주면 된다.

표 4-6 **연 복리승수 조견표(기간 10년)**

	1%	2%	3%	4%	5%	6%	7%	8%	9%	10%
10년	1.1	1.22	1.34	1.48	1.63	1.79	1.97	2.16	2.37	2.59

	11%	12%	13%	14%	15%	16%	17%	18%	19%	20%
10년	2.84	3.11	3.39	3.71	4.05	4.41	4.81	5.23	5.69	6.19

	21%	22%	23%	24%	25%	26%	27%	28%	29%	30%
10년	6.73	7.3	7.93	8.59	9.31	10.09	10.92	11.81	12.76	13.79

앞에서 ROE와 PER의 관계에서 예로 들었던 리노공업을 다시 살펴보자. 2022년 반기 말 기준 리노공업의 자본총계는 4,474억 원이고, 주식 수는 15,242,370주이므로 주당순자산은 약 29,351원 이다.

2021년 ROE가 28%로 상승했지만 지난 10년간 평균 ROE가 20.1%였으므로 미래에도 ROE 20%가 유지될 것으로 생각하는 투자자 입장에서 생각해 보자.

10년 후 기대되는 주당순자산은 약 29,351원(2022년 반기 말 기

준) × 6.19(1.2의 10승 또는 복리승수 조견표 20%에 해당하는 수치 6.19)=
약 181,682원이다. 2022년 10월 31일 기준 주가는 136,800원인
데 10년 뒤 주당순자산을 현재 주가로 나누면 약 181,682원 /
136,800원 = 약 1.33이 나오며 이 수치는 복리승수 조견표의 3%정
도에 해당되는 수치다.

리노공업의 ROE가 향후 10년간 평균 20%로 유지될 경우, 리노
공업을 136,800원의 주가로 매수한 투자자는 10년간 복리로 연 평
균 3%의 기대수익률을 예상할 수 있다는 의미이다. 현재 시중은행
금리가 4%대임을 감안하면 그다지 매력이 없는 가격이라는 것을
알 수 있다.

리노공업의 이익률 상승과 전방산업의 수요 증가가 구조적으
로 일어나 2021년의 ROE 28% 수준이 앞으로 10년간 유지될 수 있
는 ROE 수치라고 생각하는 투자자도 있을 것이다.

10년 후 기대되는 주당순자산은 약 29,351원(2022년 반기 말 기준)
× 11.81(1.28의 10승 또는 복리승수 조견표 28%에 해당하는 수치 11.81) = 약
346,634원이다. 10년 뒤 주당순자산을 2022년 10월 말 현재 주가
로 나누면 약 346,634원 / 136,800원 = 약 2.53이 나오며 이 수치는
복리승수 조견표의 10%정도에 해당되는 수치다.

리노공업의 ROE가 향후 10년간 평균 28%로 유지될 경우, 리노
공업을 주가 136,800원에 매수한 투자자는 10년간 복리로 연 평균
10%의 기대수익률이 예상할 수 있다는 의미이다. 현재 시중은행

금리가 4%대임을 감안하면 나쁘지 않은 수치이다. 이 정도는 기대수익률이 연평균 10% 수준의 투자자라면 매수할 수 있는 가격대이다. 물론 향후 10년간 리노공업의 ROE가 매년 평균 28% 정도 나온다는 예상이 맞았을 때 그렇다는 것이다.

하지만 앞으로 10년간 리노공업의 ROE가 28%가 유지될 것이라는 공격적인 가정하에서도 복리로 기대수익률이 연 15%인 투자자에게는 매수하기에 비싼 가격이다. 그렇다면 리노공업의 ROE가 향후 10년간 매년 20% 수준으로 유지될 것으로 예상하고, 기대수익률이 연평균 15% 수준의 투자자라면 얼마에 매수해야 될까?

10년 후 기대되는 주당순자산은 약 29,351원(2022년 반기 말 기준) × 6.19(1.2의 10승 또는 복리승수 조견표 20%에 해당하는 수치 6.19) = 약 181,682원이다. 이 181,682원을 연 복리승수 조견표의 15%에 해당하는 수치 4.05로 나누면 181,682원 / 4.05 = 약 44,860원이 나온다. 주가가 44,860원까지 하락한 뒤 매수해야 복리 기대수익률 연 15%가 충족될 수 있다.

기업의 장기 ROE를 추정하는 것은 쉽지 않고, 투자자의 경험과 안목에 따라 그 추정치도 위와 같이 천차만별일 것이다. 앞서 설명했던 버크셔 해서웨이의 기업인수 기준 ⑤번 조항에 '사업이 단순하고 이해가능해야 한다'는 기준이 들어간 이유도 미래의 ROE 추정이 그만큼 쉽지 않기 때문에 추정이 가능한 사업에만 투자하겠다는 뜻이다. 따라서 경험이 많지 않은 투자자라면 미래의 ROE를

추정함에 있어 공격적인 가정보다는 다소 보수적인 가정을 해보
는 것이 더 나을 것이다.

듀퐁 분석(Dupont Analysis)

듀퐁 분석은 자기자본이익률, 즉 ROE를 구성요소별로 나누어
분석하는 것이다.

$$ROE = \frac{당기순이익}{자기자본} = \frac{당기순이익}{매출액} \times \frac{매출액}{총자산} \times \frac{총자산}{자기자본}$$

$$= 순이익률 \times 자산회전율 \times 재무레버리지$$

ROE는 순이익률, 자산회전율, 재무레버리지의 곱으로 표현할
수 있다. 이때 순이익률은 수익성을, 재무레버리지는 재무안정성
을, 자산회전율은 자산활용의 효율성을 보여주는 지표다. 앞서 예
로 들었던 리노공업의 지표는 표 4-7과 같다.

표4-7 **리노공업의 듀퐁 분석**

	2011	2012	2013	2014	2015	2016	2017	2018	2019	2020	2021
순이익률	29%	33%	32%	33%	33%	31%	29%	32%	31%	28%	37%
자산회전율	59%	58%	55%	56%	53%	52%	57%	53%	52%	56%	60%
재무레버리지	1.08	1.07	1.06	1.07	1.06	1.08	1.08	1.08	1.09	1.07	1.12

이를 통해 리노공업의 순이익률은 30% 내외로 꾸준히 높고, 자산회전율 역시 52~60% 사이에서 안정적인 모습을 보이고 있음을 알 수 있다. 자산회전율이 일정한 범위에서 안정적이라는 것은 자산의 증가가 매출의 증가로 이어질 만큼 사업의 확장성이 좋다는 것을 의미하기 때문에 ROE의 신뢰도가 높다. 재무레버리지는 1.1 내외로 부채가 적어 워런 버핏의 기업인수 기준 ③번 조항인 '부채가 적거나 없고 ROE가 높은' 기업에 해당된다.

이처럼 듀퐁 분석을 하는 이유는 ROE의 지속성을 판단하기 위해서이다. 또한 ROE에 변화가 생겼을 때 어떤 부분에서 변화가 생겼는지 확인해 기업의 상황을 보다 정확하게 파악할 수 있고, 기업의 수익구조에 대한 통찰을 얻을 수 있다.

다음 장에서 다나와(119860)라는 기업을 보면 2015년까지는 ROE가 10% 초반에 머물러 있다가 2016년부터 ROE가 상승하기 시작한 것을 볼 수 있다.

표 4-8 **다나와의 ROE 추이**

	2012	2013	2014	2015	2016	2017	2018	2019	2020	2021
ROE	11.73%	11.22%	9.35%	10.89%	14.56%	19.03%	19.68%	23.63%	25.11%	19.65%

듀퐁 분석을 해보면 다음과 같은 모습이 나온다.

표 4-9 **다나와의 듀퐁 분석**

	2011	2012	2013	2014	2015	2016	2017	2018	2019	2020	2021
순이익률	21%	21%	21%	14%	13%	14%	13%	14%	14%	13%	15%
자산회전율	45%	49%	46%	58%	71%	88%	116%	112%	111%	142%	107%
재무레버리지	1.06	1.12	1.10	1.12	1.11	1.12	1.21	1.21	1.41	1.19	1.13

2015년부터 자산회전율이 크게 상승하는 것을 볼 수 있는데 이를 통해 기업의 비즈니스 모델에 변화가 있었음을 알 수 있다.

기업의 ROE의 변화를 관찰하고, 듀퐁 분석을 해보는 투자자라면 다음 장의 그림 4-3에서 2017년 1분기 실적 변화가 있기 전인 2016년 1분기 실적의 변화부터 관찰할 수 있었을 것이다. 그림 4-2에서 보는 바와 같이 자산회전율의 변화는 2014년부터 있어왔고, 표 4-8, 4-9에서 보는 바와 같이 2016년부터 자산회전율의 변화가 ROE에도 뚜렷하게 나타나기 시작하기 때문이다.

그림 4-2 **리노공업과 다나와의 듀퐁 분석**

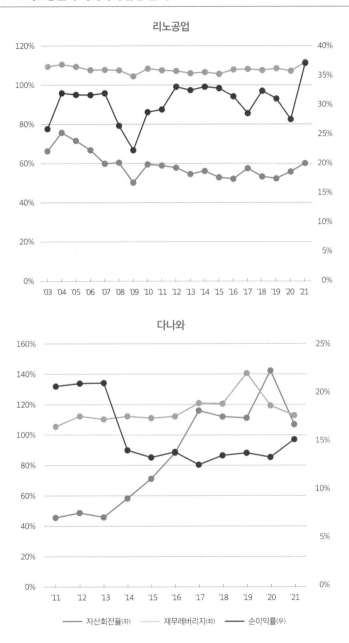

리노공업

다나와

자산회전율(좌) ——— 재무레버리지(좌) ——— 순이익률(우)

그림 4-3 **다나와의 영업이익 (단위: 억 원)**

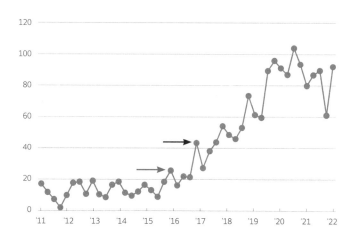

한국 주식시장의 특성
경기변동형 기업의 ROE와 매매 기회

필자는 한때 롯데케미칼이라는 석유화학회사에서 구매담당자로 일한 적이 있는데 그때 수요에 다양한 형태가 존재한다는 것을 알게 되었다. 대개 사람들은 평상시 수요가 100이면 호황일 때는 110, 불황이면 90 정도일 것이라고 생각한다. 하지만 사람들은 가격이 오른다 싶으면 더 빨리 더 많이 사고 싶어 하고, 가격이 내린다 싶으면 더 천천히 더 적게 사고 싶어 한다. 따라서 가격이 오르는 국면에서는 물건을 미리 당겨서 사려고 하는 당김수요(가수요)

가 작용하고, 가격이 내리는 국면에서는 물건을 나중에 사려고 해서 수요가 이연된다. 이연되었던 수요는 경기회복기에 더 큰 수요를 만든다.

실수요자 입장에서도 그런데 하물며 중간에서 트레이딩~Trading~으로 시세차익을 누리고자 하는 투기수요는 더욱 진폭이 클 것이다. 이런 이유로 평상시 수요가 100이면 호황일 때는 150, 불황이면 50 정도로 크게 요동친다. 더욱이 장치 산업의 경우에는 공급자인 기업 역시 호황이다 싶으면 더 많은 케파~capa~(생산가능량)를 늘리려 하고, 불황이다 싶으면 있던 증설 계획도 취소하거나 이연한다.

이처럼 수요와 공급 측면 모두에서 사람들의 심리가 작용하기 때문에 경기변동은 사라지지 않고 언제나 존재하는 것이다. 2021년 겨울, 요소수 부족 현상이 있었지만 지금은 그런 일이 있었는지도 모를 정도로 공급이 충분한 상황이다. 요소수가 부족하다는 인식이 확산될 때는 팔려고 하던 물량도 꼭 쥐고 있어야겠다는 생각이 드는 것은 당연하다. 그런 상황에서는 부르는 게 값이지만 요소수가 충분하다는 인식이 자리 잡으면 상황은 급변한다.

우리나라 주식시장에는 이런 수요와 공급의 변화에 따라 실적이 주기적으로 크게 오르내리는 경기변동형 기업들이 많이 존재한다. 수요와 공급의 변동뿐만 아니라 원자재 가격의 상승과 하락, 환율의 상승과 하락 등 많은 요인들에 의해 실적이 크게 변화한다.

앞서 살펴본 리노공업, 케이아이엔엑스, 다나와 같은 기업들은 꾸준히 성장하는 스노우볼Snowball 비즈니스의 성격을 보이기 때문에 ROE를 기반으로 기업의 가치를 계산해 보는 것이 비교적 용이하다. 단순히 경기변동에 따라 실적이 오르내리기를 반복할 뿐 성장이 없는 기업들의 경우에는 ROE를 기반으로 기업의 가치를 계산하는 것이 어렵겠지만, 경기변동에 따라 실적이 오르내리면서도 장기적으로 성장하는 기업들의 경우에는 장기적인 ROE 수준을 계산하고, 이를 기준으로 기업의 가치를 계산해 보는 것이 의미가 있다.

그림 4-4에서 보는 바와 같이 이들 기업들의 장기적인 ROE 수준에 대해 확신할 수 있다면 경기하락 국면(A 국면)이 좋은 가격에 매수할 수 있는 기회이고 경기상승 국면(B 국면)이 좋은 가격에 매도할 수 있는 기회가 되기 때문이다.

그림 4-4 **성장형 경기변동 기업**

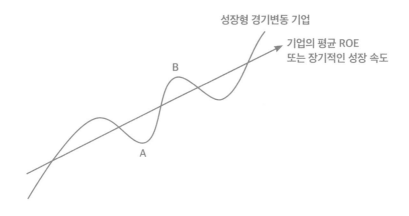

우리나라 대표 기업이자 대표적인 경기순환Cycalical 산업인 반도체 사업을 영위하는 삼성전자의 사례로 생각해 보자.

표 4-10 **삼성전자 ROE와 영업이익률**

	2003	2004	2005	2006	2007	2008	2009	2010	2011	2012
ROE	22%	34%	21%	19%	15%	10%	15%	21%	15%	22%
영업이익률	17%	21%	14%	12%	9%	6%	7%	11%	9%	14%

	2013	2014	2015	2016	2017	2018	2019	2020	2021	
ROE	23%	15%	11%	12%	21%	20%	9%	10%	14%	
영업이익률	16%	12%	13%	14%	22%	24%	12%	15%	18%	

그림 4-5 **삼성전자의 ROE와 영업이익률, 듀퐁 분석**

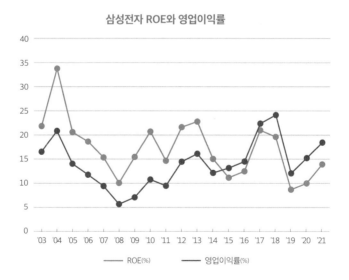

우리가 얻는것
←——————→

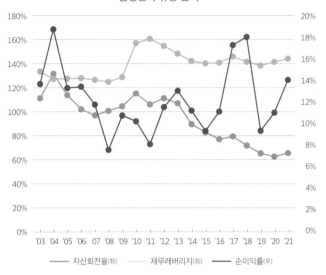

삼성전자 듀퐁 분석

— 자산회전율(좌)   — 재무레버리지(좌)   — 순이익률(우)

삼성전자의 연간 ROE와 영업이익률 추이를 보면 톱니바퀴처럼 들쭉날쭉하다. 삼성전자의 ROE는 영업이익률의 변화와 방향성에서 일치하는데 장치 산업과 경기변동형 기업의 성격을 그대로 보여준다.

그럼에도 불구하고 2003년부터 2021년까지의 ROE를 계산해보면 19년 동안 ROE는 평균 17%였다. 19년 동안 삼성전자 순자산이 연평균 17%의 속도로 증가해 왔다는 의미이다. 경기변동형 기업임에도 불구하고 평균 17%라면 대단한 수치라고 할 수 있다. 2012년부터 2021년까지 최근 10년 동안 ROE는 평균 15.5%였다. 과거보다는 낮아졌지만 10년 평균 ROE가 15.5%라는 것은 괜찮은 수치다.

다만 삼성전자의 듀퐁 분석을 보면 자산회전율이 꾸준히 하락하고 있다는 것을 알 수 있다. 이로 인해 2018년 영업이익률은 2003년 이래로 제일 높은 24%에 달했지만 2018년 ROE는 20%로 영업이익률이 16%였던 2013년 ROE 23%보다 낮아졌다.

반도체 2위 업체인 SK하이닉스의 2018년 영업이익률이 51%였다는 점을 감안하면 삼성전자의 반도체 사업부 역시 그와 비슷한 영업이익률을 보였을 것이다. 당시 반도체 슈퍼사이클이라는 말까지 나왔을 정도였다. 이런 초호황 국면임에도 불구하고 ROE가 20%였다는 것은 삼성전자 자산과 자기자본의 규모가 커져서 향후 ROE는 지난 10년보다 낮아질 가능성이 있다는 것을 의미한다.

물론 메모리 반도체의 경우 경쟁자 수가 2009년 이전보다 크게 줄어들어 과점화되어 있으며, 4차 산업혁명 등으로 인해 수요가 꾸준할 것이므로, 과거보다는 낮을지 몰라도 상당기간 비교적 높은 ROE를 유지할 가능성이 높다.

이런 점을 종합적으로 고려해 삼성전자의 향후 10년 ROE가 평균 14% 수준일 것이라고 생각하는 투자자가 있다고 가정해 보자. 2022년 반기 말 기준 삼성전자의 주당순자산은 우선주를 포함해 약 46,937원이다. 삼성전자의 10년 후 주당순자산은 약 46,937원×3.71(14%의 10년 복리승수) = 약 174,138원이다. 복리로 기대수익률이 연 15%인 투자자라면 삼성전자를 얼마에 매수해야 할까? 10년 후 주당순자산 174,138원을 15%의 10년 복리승수 4.05로 나누면 약 42,997원이 나온다. 42,997원에 매수해야 10년간 복리 기대수익률 연 15%가 확보될 수 있다는 의미이다.

2022년 10월 말 기준 가격인 52,000원으로는 얼마의 연 복리 기대수익률을 예상할 수 있을까? 다음 표는 10년 후 주당순자산 174,138원을 복리승수 조건표에 나오는 승수들로 각각 나눈 값들인데, 52,000원은 복리 기대수익률 연 12~13%가 예상되는 가격대임을 알 수 있다.

표 4-11 **향후 삼성전자의 10년 ROE가 14%라고 가정할 경우의 매수가격별 기대수익률** (단위: 원, 2022년 10월 말 기준)

	1%	2%	3%	4%	5%	6%	7%	8%	9%	10%
10년	158,307	142,736	129,954	117,661	106,833	97,284	88,395	80,619	73,476	67,235

	11%	12%	13%	14%	15%	16%	17%	18%	19%	20%
10년	61,316	55,993	51,368	46,937	42,997	39,487	36,203	33,296	30,604	28,132

반도체 산업의 과점적 경쟁 구도, 4차 산업혁명으로 인한 반도체 수요 증가 요인 등을 감안하면 향후 10년간 연평균 ROE는 14%가 유지될 수 있을 것이라고 생각하는 투자자 입장에서 12~13%의 기대수익률이 예상되는 투자처는 매력적이라고 생각될 수 있을 것이다(삼성전자와 같은 대형 기업에 있어 12~13%의 기대수익률은 나쁘지 않은 수준이다). 하지만 15% 이상의 기대수익률을 기대하는 투자자라면 삼성전자에 대한 투자는 유보하고 다른 투자 대상을 찾아보거나

분할 매수를 시작하면서 결정적인 매수 기회를 모색해 볼 수 있을 것이다.

2021년 1월, 삼성전자 주가는 96,800원까지 상승했고 당시 국민주식이라 불릴 정도로 많은 개인투자자들이 삼성전자를 매수했다. 반도체 슈퍼사이클이라 불릴 만큼 호황이 예상된다는 평가도 많았다. 하지만, 삼성전자의 향후 10년 평균 ROE가 14% 정도라고 생각하는 투자자의 눈에는 어떻게 보였을까?

2021년 1월 시점에서 얻을 수 있는 주당순자산 자료는 2020년 3분기 사업보고서에 나와 있는 주당순자산이므로 그 수치를 적용해 보자. 당시 주당순자산은 약 39,446원이었으므로 10년 후 예상되는 주당순자산은 약 39,446원 × 3.71 = 약 146,344원이다. 이를 복리조견표의 승수로 나누면 아래의 표와 같다.

표 4-12 **향후 삼성전자의 ROE가 14%라고 가정할 경우의 매수 가격별 기대수익률 (단위: 원, 2021년 1월 기준)**

	1%	2%	3%	4%	5%	6%	7%	8%	9%	10%
10년	133,040	119,954	109,212	98,881	89,782	81,756	74,286	67,752	61,748	56,503

	11%	12%	13%	14%	15%	16%	17%	18%	19%	20%
10년	51,530	47,056	43,169	39,446	36,134	33,185	30,425	27,982	25,719	23,642

2021년 1월 기준 고점 가격 96,800원은 복리 기대수익률 연 4%대에 불과한 가격이었음을 알 수 있다.

만약 반도체 슈퍼사이클을 믿는 투자자여서 삼성전자의 향후 10년간 ROE가 지난 19년 평균 17%와 유사할 것이라고 기대하는 또 다른 투자자가 있었다고 생각해 보자. 주당순자산 약 39,466원이었으므로 이 투자자가 기대하는 10년 후 주당순자산은 약 39,466원 × 4.81(17%의 10년 복리승수) = 약 189,734원이다. 이를 복리 조견표의 승수로 나누어주면 아래의 표와 같다.

표 4-13 **향후 삼성전자의 ROE가 17%라고 가정할 경우의 매수가격별 기대수익률 (단위: 원, 2021년 1월 기준)**

	1%	2%	3%	4%	5%	6%	7%	8%	9%	10%
10년	172,486	155,520	141,593	128,199	116,401	105,997	96,312	87,840	80,057	73,256

	11%	12%	13%	14%	15%	16%	17%	18%	19%	20%
10년	66,808	61,008	55,969	51,141	46,848	43,024	39,446	36,278	33,345	30,652

향후 10년간 평균 ROE가 17%라는 아주 낙관적인 가정을 했다 하더라도 96,800원은 연 복리 기대수익률 7% 수준에 불과했다.

시장은 항상 옳다는 환상에서 벗어나라

주식시장에는 두 가지 상반된 관점을 가진 투자자들이 있다. 한편에서는 '시장은 항상 옳다'라는 믿음을 가지고 있으며 빠르게 올라가는 주가나 빠르게 하락하는 주가에는 다 그만한 이유가 있을 것이고, 내가 모르는 것뿐이라고 믿는 투자자들이 있다. 다른 한편에는 '시장은 대체로 옳다. 하지만 틀릴 때도 종종 있다'라고 생각하는 투자자들이 있다.

'시장은 항상 옳다'라고 생각하는 투자자들은 2021년 1월 급등하는 삼성전자의 주가를 보면서 내가 모르는 뭔가가 작동하고 있다고 생각했을 것이고, 누군가가 들려주는 반도체 슈퍼사이클 스토리를 믿었을 것이다. 하지만 스토리를 믿으며 매수 버튼을 누른 투자자들은 앞에서 살펴본 바와 같이 기대수익률을 계산하며 매도하는 투자자들의 물량을 고점에 받아주는 역할을 했을 뿐이다.

시장이 항상 옳다는 생각과 시장이 대체로 효율적이지만 종종 잘못된 가격을 제시한다는 생각은 근본적으로 큰 차이가 있다.

최근 주식시장을 보면 2023년 경기 침체에 대한 우려가 크고 뭔가 우리가 모르는 것이 오고 있다고 믿는 투자자들이 늘어나고 있다. 여기에는 미국 중앙은행의 금리 인상이 경기 침체를 유발할 뿐만 아니라 경우에 따라서는 시스템 리스크를 유발할 것이라는 또 다른 스토리가 자리 잡고 있다. 물론 충분히 그럴 수 있다. 세상일은 알 수 없는 것이므로. 하지만 이 스토리 역시 경기 침체와 시스템 리스크 스토리에 편승하는 사람들의 매도 물량을 기업의 펀더멘털을 믿고 기대수익률을 계산하는 사람들에게 넘겨주는 역할을 하게 될 것이다.

이번에는 미국 중앙은행의 금리 인상으로 세계 경제는 심각한 침체에 빠질 것이고 이로 인해 삼성전자의 반도체 사업도 타격을 받아 ROE가 향후 10년간 12% 수준으로 떨어질 것이라고 생각하는 투자자의 입장이 되어보자.

이 투자자의 복리 기대수익률은 연 15%라고 생각해 보자. 2022년 반기 말 기준 주당순자산은 약 46,937원이고 12%의 10년 복리승수 3.11을 곱해주면 10년 후 주당순자산은 약 46,937원 × 3.11 = 약 145,975원이 된다. 이를 복리조건표의 승수로 나누어주면 아래의 표와 같다.

표4-14 **향후 삼성전자의 ROE가 12%라고 가정할 경우의 매수가격별 기대수익률 (단위: 원, 2022년 10월 기준)**

	1%	2%	3%	4%	5%	6%	7%	8%	9%	10%
10년	132,705	119,652	108,937	98,632	89,556	81,551	74,099	67,581	61,593	56,361

	11%	12%	13%	14%	15%	16%	17%	18%	19%	20%
10년	51,400	46,937	43,061	39,346	36,043	33,101	30,348	27,911	25,655	23,582

이 투자자에게 2022년 10월 말 기준 주가 52,000원은 연 복리 기대수익률 11% 수준일 것이고 이 투자자가 매수할 수 있는 가격은 36,000원 수준일 것이다. 경기 침체에 대한 우려가 커질수록, 경기 침체에 대한 우려를 하는 투자자가 많아질수록 삼성전자의 주가는 이런 수준까지 하락할 수도 있을 것이다.

하지만 그런 기간은 있다 하더라도 매우 짧을 것이다. 주식시장에는 많은 스펙트럼의 투자자들이 존재하며, 심각한 경기 침체에도 불구하고 시간이 지나 불황이 지나가면 호황이 올 것이라고 생각하는 긴 호흡을 가진 투자자도 존재하기 때문이다.

투자자에게 필요한 것은 자신이 잘 아는 기업에 대해 여러가지 시나리오와 확률을 가지고 냉정하게 계산하며 투자하는 것이다. 앞서 살펴본 바와 같이 삼성전자의 향후 10년간 평균 ROE가 14%일 가능성과 그에 따른 확률이 있을 것이고, 향후 10년간 평균 ROE가 17%일 가능성, 12%일 가능성도 모두 열려 있다. 미래는 매우 불확실하다. 결국 어떤 시나리오에 어떤 확률을 부여할지는 그 기업에 대해 얼마나 정확하게 알고 있는가에 달려 있다.

삼성전자의 향후 10년간 평균 ROE가 14%일 확률 70%, 17%일 확률 25%, 12%일 확률 5%라고 생각할 때 복리로 기대수익률이 연 15%인 투자자 입장이라면 삼성전자에 대해 어떤 판단을 해야 할까? 각 시나리오별로 연 15% 기대수익률이 충족되는 가격은 다음 장의 표와 같다. 이 투자자에게는 45,836원이 자신의 기대수익률을 충족시키는 매수가격대일 것이다.

표 4-15 **삼성전자 미래에 대한 시나리오별 매수 가격**

	기본시나리오	Best 시나리오	Worst 시나리오
삼성전자의 향후 10년간 평균 ROE	14%	17%	12%
연 15% 기대수익률이 충족되는 가격	42,997원	55,745원	36,043원

※ Best 시나리오 55,745원의 계산 근거: 2022년 반기 말 주당순자산 약 46,937원 x 4.81(17% 의 10년 복리승수) = 약 225,769원. 약 225,769원 / 4.05(15%의 10년 복리승수) = 약 55,745원

표 4-16 **삼성전자 미래에 대한 시나리오별 확률과 기대값**

	매수 가격	확률	기대값
기본 시나리오	42,997원	70%	30,098원
Best 시나리오	55,745원	25%	13,936원
Worst 시나리오	36,043원	5%	1,802원
			45,836원

위 투자자와 비슷한 시각으로 삼성전자의 미래를 예상하지만 복리로 기대수익률이 연 10%인 투자자 입장에서는 삼성전자에 대해 어떤 판단을 해야 할까? 각 시나리오별로 연 10%의 기대수익률이 충족되는 가격은 다음 장의 표와 같다. 71,675원 근처에서 이미 매수했을 것이다.

지금까지 논의한 삼성전자 미래의 ROE, 확률은 하나의 예시일 뿐이다. 삼성전자의 미래에 대한 의견은 투자자별로 천차만별일

표4-17 **삼성전자 미래에 대한 시나리오별 매수 가격**

	기본 시나리오	Best 시나리오	Worst 시나리오
삼성전자의 향후 10년간 평균 ROE	14%	17%	12%
연 10% 기대수익률이 충족되는 가격	67,235원	87,170원	56,361원

※ Best 시나리오 87,170원의 계산근거: 2022년 반기 말 주당순자산 약 46,937원 x 4.81(17%의 10년 복리승수) = 약 225,769원. 약 225,769원 / 2.59(10%의 10년 복리승수) = 약 87,170원

표4-18 **삼성전자 미래에 대한 시나리오별 확률과 기대값**

	매수 가격	확률	기대값
기본 시나리오	67,235원	70%	47,065원
Best 시나리오	87,170원	25%	21,793원
Worst 시나리오	56,361원	5%	2,818원
			71,675원

것이며 투자자마다 다른 시나리오와 확률을 부여할 것이다. 당연히 삼성전자의 반도체 사업은 이해하기 어려워 그 미래를 예측하지 못하겠다고 생각하는 투자자도 있을 것이다.

자신이 잘 아는 분야, 예측이 가능한 분야에 한정해 기업의 장기적인 ROE 추이를 살펴보고 그 ROE를 가능하게 하는 요인들을 분석해 나가는 경험이 쌓이다 보면 다른 일반적인 투자자들과는 다소 다른 시각을 가지게 될 것이라 믿는다.

좋은 주식을 좋은 가격에 사는 기회가 되기를 바라며

워런 버핏과 그의 파트너 찰리 멍거는 2016년 아래와 같은 질문과 답을 한 적이 있다.

Q: 버크셔 해서웨이는 투자 결정 근거 자료로 거시경제 요소들을 사용하지 않는다고 했습니다. 그러면 버크셔 자회사들에서 나오는 미시경제 지표들은 사용하나요?

버핏: 찰리와 나는 독서를 많이 하며 경제 문제와 정치 문제에 흥미를

느낍니다. 우리는 거의 모든 거시경제 요소들에 매우 익숙합니다. 향후 제로금리가 어떤 방향으로 흘러갈지는 모르지만, 현재 상황은 알고 있습니다.

멍거: 이 대목에서 혼동하기 쉬운데, 우리는 미시경제 요소에 많은 관심을 기울입니다.

버핏: 우리는 주식을 살 때도 기업을 산다고 생각하므로, 그 결정 과정이 기업을 인수할 때와 매우 비슷합니다. 그래서 미시경제 요소들을 최대한 파악하려고 노력합니다. 주식을 사든 안 사든 기업의 세부 사항을 조사하는 것을 즐깁니다. 나는 다양한 기업 연구가 흥미롭습니다. 이는 매우 중요하며, 아무리 연구해도 질리지 않습니다.

멍거: 미시경제보다 더 중요한 요소는 거의 없습니다. 미시경제가 곧 기업이니까요. 미시경제는 우리가 하는 사업이고, 거시경제는 우리가 받아들이는 변수들입니다.

출처: P. 384~85, 『워런 버핏 바이블』 워런 버핏, 리처드 코너스 지음, 이건 편역, 신진오 감수, 에프엔미디어

워런 버핏과 찰리 멍거는 거시경제 흐름에 대해서는 파악하고 있지만 거시경제 변수보다는 투자하는 기업이 보이는 경영 성과에 더 많은 관심을 기울인다고 말하고 있다. 특히 찰리 멍거는 "미시경제는 우리가 하는 사업이고, 거시경제는 우리가 받아들이는

변수들입니다"라고 말한다. 거시경제 변수가 기업의 성과에 영향을 미치는 방식과 그 영향에 관심이 있는 것이지, 거시경제 변수 자체가 기업을 매수하고 매도하는 데 직접적인 영향을 주지는 않는다는 것이다.

이 글의 시작을 버크셔의 기업인수 기준으로 시작했으니 처음으로 돌아가 그 기준을 다시 한 번 읽어보기 바란다. 이 기준에는 금리, 인플레이션, 환율 등과 같은 거시경제를 의미하는 단어가 한 단어도 들어가 있지 않다. 2022년 물가상승률이 높아지고, 각국 기준금리가 올라가는 와중에도 워런 버핏은 석유회사 옥시덴탈 페트롤리엄Occidental Petroleum 주식을 매수했다. 만약 금리와 인플레이션이 경제에 미치는 영향, 거시경제만을 판단기준으로 삼는다면 주식을 매수하지 못했을 것이다. 워런 버핏은 2021년까지만 해도 옥시덴탈 페트롤리엄 주식이 없었으나 2022년 들어 매집하기 시작했다. 이 주식은 2022년 초 처음 매수할 때만 해도 주당 30불대 전후였으나 현재는 주당 70불대에 거래되고 있다.

표 4-19 **옥시덴탈페트롤리엄 분기별 순이익 (단위: 백만 달러)**

2021.3분기	2021.4분기	2022.1분기	2022.2분가	2023.3분기
103	828	1,577	4,876	3,755

자료: 네이버증권

옥시덴탈 페트롤리엄의 2021년 3분기 말 기준 자본총계는 188억 7,300만 달러였고, 2021년 3분기~2022년 2분기까지 4개 분기 순이익 합 73억 8,400만 달러 기준으로 ROE(계산을 단순화하기 위해 순이익/전기말 자본총계로 계산)를 계산해 보면 ROE 39%가 나온다. 2021년 4분기~2022년 3분기까지 4개 분기 순이익 합 110억 3,600만 달러를 기준으로 계산해 보면 ROE가 58%까지 올라간다.

코로나19로 석유 수요가 급감하며 유가가 일시적으로 마이너스 유가까지 보일 정도로 폭락했고 그로 인해 미국의 셰일가스 업체들이 대거 파산했다. 또한 2014년 이후 2021년까지 비교적 낮은 유가 수준이 유지되고 있었고 지난 수년간 기후변화에 대한 관심이 높아져 셰일가스 이외의 영역에서는 석유 탐사가 제한적이었으므로 앞으로 공급 증가는 상당기간 제한적일 수밖에 없는 상황이었다. 이에 러시아가 우크라이나를 침공하며 에너지 시장에 큰 변화를 주고 있고 이로 인해 유가가 과거 10년보다는 더 높은 수준에서 유지될 가능성이 높다는 예상이 가능했을 것이다.

따라서, 워런 버핏은 옥시덴탈 페트롤리엄의 ROE가 상당기간 높은 수준에서 유지될 가능성이 높다고 생각했을 것이고 주가 35달러일 때의 시가총액 318억 900만 달러는 2022년 예상 순이익 기준 PER이 3~4배에 불과해 매력적인 기회라고 생각했을 것이다. 앞서 소개했던 그림 4-4의 A국면에서 B국면으로 가는 초입이라고 생각했을 것이다. 찰리 멍거의 말대로 우리가 받아들이는 변수, 거시경제 자체보다는 우리가 하는 사업, 미시경제에 초점을 맞추었기 때문에 가능한 기회이지 않았을까?

우리가 사는 것은 기업의 가치이고, 그 기업의 가치라는 것은 한두 해의 실적에 의해 결정되는 것이 아니라 미래의 장기적인 실적이 녹아 들어가 결정되는 것이다. 따라서 기업이 돈을 벌어들이는 구조(수익 모델)에 관심이 있고 장기적인 시각을 가진 투자자에게는 현재와 같은 상황은 위기가 아니라, 좋은 사업을 좋은 가격에 살 수 있는 기회로 인식될 것이다.

기업이 돈을 벌어들이는 구조의 결과물이 ROE이며 기업의 미시경제, 즉 수익모델이 보여줄 장기 ROE에 대해 믿음이 있는 투자자라면 일시적인 불황은 장기적으로 기회가 되리라 믿는다.

05장

'결핍'을 채워주는
산업과 기업에 투자하자

염승환
이베스트투자증권 리테일사업부이사

MR. MARKET 2023

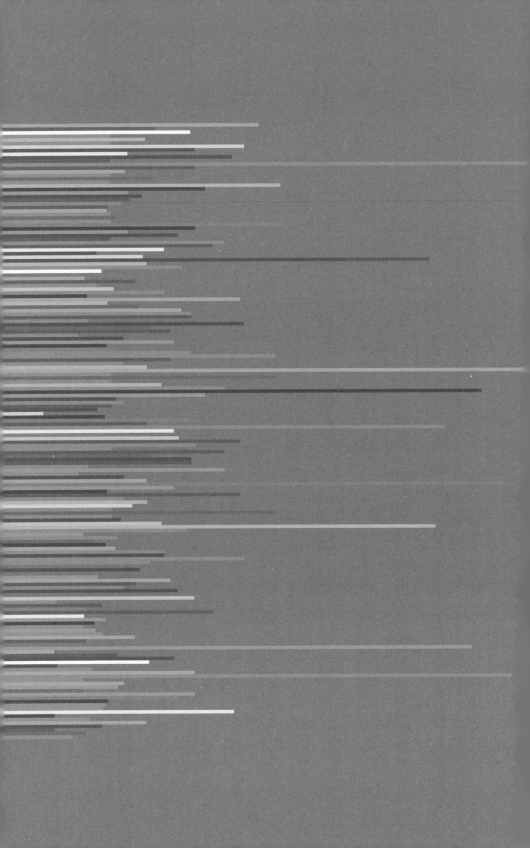

더 나은 미래를 소유하기 위해 투자하라

투자는 무엇일까? 어학사전을 찾아보면 이렇게 나온다. '이익을 얻기 위하여 어떤 일이나 사업에 자본을 대거나 시간이나 정성을 쏟음', '이익을 얻기 위하여 주권, 채권 따위를 구입하는 데 자금을 돌리는 일'. 사전적 정의에서 알 수 있듯이 **투자는 미래의 이익을 얻기 위해 현재를 희생하는 것**이라고 정의할 수 있다. 고등학생이 노는 대신 그 시간에 공부를 한다면 이는 현재를 희생하는 것이고 그 또한 투자라고 할 수 있다. 멋진 옷을 사지 않고 그 돈으로 삼성전자 10주를 사는 것도 현재를 희생하는 투자라고 할 수 있다. 하지만 미래는 불확실하다. 현재를 희생한다고 해서 더 나은 결과가 도출되리라 장담할 수 없다. 놀지 않고 공부를 열심히 한다고 해서 원하는 대학교에 무조건 간다고 할 수는 없다. 마찬가지로 삼성전자 10주를 산다고 해서 미래에 삼성전자 주가가 무조건 오른다고 할 수는 없다. 그럼에도 모든 사람들은 다양한 방면에서 투자를 한다. 왜냐하면 대부분의 사람들은 지금보다 더 나은 미래를 꿈꾸기 때문이다. **결국 더 나은 미래를 소유하기 위한 투자는 인간의 본능이라고 할 수 있다.**

그렇다면 어떻게 투자해야 더 나은 미래를 소유할 수 있을까? 필자는 증권업에 종사하고 있기 때문에 주식투자 관점에서 이 부분을 설명해 보겠다. 우리가 주식투자를 하는 이유는 누구나 같다. 돈을 벌기 위해서이다. 주식투자로 돈을 벌기 위해서는 자신이 투자한 기업의 주가가 오르면 된다. 그런데 주가가 오르는 이유는 정말 다양하다. 투자한 기업의 대표이사가 대통령 후보의 동문이라서 10배 오르기도 하고, 테슬라 같은 세계적인 자동차 회사에 대규모 2차전지 양극재를 공급해서 오르기도 한다. BTS의 멤버 '지민'이 어떤 라면을 맛있게 먹는 장면이 나왔는데 그 라면의 판매량이 급증하면서 실적이 좋아져 주가가 상승하기도 한다. 우리는 미래를 정확히 알 수 없다. 기업의 미래도 마찬가지이다. 하지만 우리는 **공부와 통찰력을 통해 기업의 미래가 어떻게 그려질지 확률적으로 파악할 수는 있다**(물론 그 확률 예측이 형편없이 틀릴 수도 있다. 과거 3D TV가 대중화될 줄 알았지만 3D TV는 망했다).

투자한 기업의 대표이사가 정치 테마에 엮어서 주가가 급등한 것은 기업가치와는 전혀 무관한 그냥 운의 요소일 뿐이다. 이로 인해 투자자가 수익을 냈다면 그건 그냥 운일 뿐이다. 10배 이상의 수익을 냈더라도 뛰어난 투자자는 아니다. 반면 테슬라의 전기차 판매가 늘어나는 것을 보고 투자를 시작한 투자자라면 뛰어난 투자자가 될 가능성이 높다. 테슬라에 직접 투자할 수도 있지만 공부와 통찰력을 통해 전기차의 핵심은 2차전지이고, 2차전지의 핵심은 양극재이고, 양극재에서도 니켈 함량이 높은 하이니켈 양극재가 가장 중요하다는 것을 알아낸 투자자라면 더 뛰어난 투자자가 될 가능성이 높다. 여기에 하이니켈 양극재의 수요는 급증하는데 이 양극재를 제조하는 기업은 몇 개 되지 않는다는 사실까지 알아냈다면 성공에 거의 다가선 것이다. 그러한 사실을 바탕으로 약세장일 때 양극재 기업에 투자를 했다면 결과는 어땠을까? 참고로 지난 2년간 양극재 기업들의 주가가 많게는 10배씩 올랐다.

4차 산업혁명 시대가 도래한 가운데 인공지능 세상이 열릴 것으로 생각하고, 4차 산업혁명의 인프라인 반도체 기업에 투자한 사람들은 2차전지 양극재 기업에 투자한 사람들과 달리 2022년을 최악의 한 해로 보냈다. 인공지능, 자율주행 같은 4차 산업혁명 시대에 D램 반도체는 필수재이다. 그리고 D램 제조사는 전 세계에 3개밖에 없는 과점 산업이다. 이러한 관점에서 접근한 것은 무척 좋았지만 양극재와 달리 D램 주가는 급락했고 결과는 참담했다. 그렇다면 왜 반도체 투자자들은 실패했을까? 사실 아직 실패라고 볼 수는 없다. 예상한 미래는 빨리 올 수도 있지만 매우 느리게 올 수도 있다. 그러한 부분은 투자자가 명확히 예측하기 어렵다. 하지만 반도체 투자자들의 그림은 명확했다. 인공지능 시대의 그림을 그렸고 여기에 투자를 했지만 생각보다 그림을 완성하는 데 오랜 시간이 걸리고 있다. 여기에 방해 요소까지 나타났다. 미국 긴축에 의한 소비 둔화라는 훼방꾼이 나타나 IT 수요가 급감했고 반도체 기업들의 주가는 50%나 하락했다.

2022년까지의 결과만 보면 반도체 투자자는 실패자라고 볼 수도 있다. 하지만 실패했더라도 그 그림을 그린 이유가 공부와 통찰력을 통한 것이었다면 실패자라고 부를 수 없다. 결과는 다르더라도 정치테마주로 인해 10배 수익을 낸 투자자보다 스스로 생각하고 판단한 반도체 투자자가 더 뛰어난 투자자라는 것은 의심의 여지가 없다.

뛰어난 투자자는 운의 요소를 배제한다. 그리고 우리가 살아가는 세상의 미래가 불확실하다는 것을 명확히 아는 투자자이다. 투자하려는 기업의 비즈니스 모델을 완벽히 분석하고 기업의 미래를 그릴 줄 아는 투자자이기도 하다. 물론 기업의 미래를 정확히 예측하는 것은 불가능하다. 하지만 확률적으로 어떤 그림이 그려질지 파악할 수 있는 능력을 갖춘 투자자라면 그는 뛰어난 투자자라고 할 수 있다. 필자는 이 책에서 기업의 미래를 그릴 수 있는 통찰력을 전달하려고 한다. 변화하는 세상에서 어떤 미래의 그림이 그려질지 필자도 자못 궁금하다. 이 책을 통해 전달한 통찰력을 바탕으로 2023년의 미래 그림을 모두가 잘 그리길 희망한다.

이번 『미스터마켓 2023』에서 필자가 전달하고 싶은 주제는 **결핍**이다. 프랑스의 철학자 라캉은 이렇게 말했다. "인간은 태생적으로 결핍을 느끼는 존재이다. 결핍은 욕망과 연장선상에서 불가분의 관계이다." 이처럼 **인간은 결핍을 느끼면 그것을 채우기 위한 노력을 하게 된다.** 2022년 시작된 고물가와 그로 인한 고금리 충격, 경기 침체로 많은 것들이 변화되었다. 러시아의 우크라이나 침공으로 인한 전쟁 때문에 세계화는 사라졌고 신新냉전이 시작되었다. 에너지 부족은 더욱 심화되었고 가처분소득 감소로 경기 침체는 현실화되고 있다. 정부는 경기 침체를 막기 위한 해법을 찾고 있고 기업들은 성장 둔화를 막기 위해 새로운 먹거리를 찾고 있다. 이러한 변화들은 결핍과 연결되어 있다. 결핍은 욕망과 연관되어 있다. 결핍을 채우기 위한 노력은 벌써 시작되었다. 결핍을 채워주는 산업과 기업은 큰 보상을 받을 것이다.

이 책에서는 결핍이라는 큰 주제를 구성하는 줄기로 세 가지 테마를 잡아보았다. 신냉전에 따른 미·중 갈등 심화와 미국의 중국 공급망 배제(중국 제조업 결핍), 러시아 제재와 이상 기후로 인한 에너지 부족(에너지 결핍), 글로벌 소비 감소로 인한 GDP 위축(GDP 결핍). 이 세 가지가 이 책을 통해 전달하려는 필자의 핵심 메세지이다. 그럼 지금부터 필자와 함께 2023년으로 떠나보자.

중국 제조업 결핍
: 신냉전 시대, 배제되는 중국

미·중 신냉전 체제의 시작과 지금

1945년 2차 세계대전이 끝나고 민주주의(자본주의)를 대표하는 미국과 공산주의(사회주의)를 대표하는 소련 간의 기나긴 냉전이 시작되었다. 결과가 미국의 승리였다는 것을 우리는 잘 알고 있다. 소련이 붕괴하기 전까지 미국은 2차 세계대전을 일으킨 장본인인 독일과 일본을 앞세워 자본주의의 영토를 확장했다. 독일과 일본은 미국 제조업 공급망의 핵심 기지 역할을 하면서 엄청난 성장을 이룩했다. 1980년 세계 GDP 1위는 미국이었고 2위는 일본, 3위는 독일이었다. 그런데 1991년, 냉전의 두 주인공 중 하나였던 소련은 사라졌다. 그리고 민주주의 체제를 갖춘 러시아가 그 자리를 대신했다. 미국의 힘은 더욱 막강해졌다. 그런데 또 막강한 상대가 나타났다. 인구 10억 명이라는 엄청난 시장과 잠재력을 갖춘 중국이 등장한 것이다.

중국은 공산주의 국가지만 덩샤오핑이 집권하면서 경제 정책이 자본주의 색채를 띠게 되었다. 덩샤오핑은 '흑묘백묘', '선부론'을 주장하면서 경제 발전을 최우선 국정 과제로 삼았다. 흑묘백묘는 하얀 고양이든 검은 고양이든 상관없이 쥐만 잘 잡으면 된다는 의미로 방법이 어떻든 간에 경제 발전이 우선이라는 정책을 빗대어 부르는 말이다. 선부론은 먼저 부자가 되라는 의미로 경제 발전을 이룩한 뒤에 분배를 하자는 정책이다. 그런데 중국 스스로의 힘으로는 부족했다. 미국의 힘이 필요했다. 그래서 덩샤오핑은 '도광양회'를 주장하면서 미국을 자극하지 말 것을 주문했다. 이는 빛을 감추고 어둠 속에서 힘을 기른다는 의미로 중국이 미국과 대등한 힘을 가질 때까지 맞서지 말라는 뜻과 같다.

소련 붕괴 후 공산주의 체제는 힘이 빠졌지만 중국은 그래도 건재했다. 미국은 중국을 민주주의와 자본주의 체제로 끌어들이고 싶어 했다. 2차 세계대전 이후 독일, 일본을 제조업 강국으로 만들어준 것과 비슷하게 미국은 중국의 경제 성장을 도와줬다. 중국은 10억 명의 값싼 노동력이 있었다. 중국은 미국의 공장이 되었고, WTO에도 가입했고, 올림픽도 유치했다. 중국은 성장했고 미

그림 5-1 **연설하는 덩샤오핑**

자료: 바이두

국도 중국의 성장을 반겼지만 정치는 바뀌지 않았다. 중국의 공산주의는 굳건했다. 2008년 금융위기가 발생하자 미국의 계획은 더욱 틀어졌다. 2013년 주석이 된 시진핑은 중국몽을 언급했다. 이는 미국과 더불어 강력한 패권 국가가 되겠다는 계획으로 2049년까지 사회주의 현대화를 이루겠다는 목표가 담겨 있다. 공산주의 방식을 유지하면서 경제적으로는 1등 국가가 되겠다는 것이다. 미국의 생각과는 전혀 다른 그림이 펼쳐진 것이다.

같은 그림을 그릴 줄 알았던 미국은 당황했다. 그리고 둘의 관계는 차갑게 식어버렸다. 특히 2018년 시작된 미·중 무역전쟁은 아직도 지속되고 있다. 당시 트럼프는 보안 문제를 이유로 화웨이를 미국에서 퇴출했고, 중국의 4차 산업혁명을 막기 위해 반도체 제조에 필수적인 장비 수출까지 금지시켰다. 강제 노동이 의심되는 신장 위구르 지역에서 생산되는 중국산 태양광 제품을 인권 문제를 이유로 수입 금지했다. 2022년 8월 통과된 IRA(인플레이션 감축) 법안에도 중국을 견제하는 내용이 들어가 있다. 이 법안은 미국이나 미국과 FTA 체결을 맺은 국가에서 제조한 소재가 들어간 전기차에만 보조금을 주겠다는 내용을 담고 있다. 전 세계 전기차 배터리 소재의 60% 이상이 중국산인 것을 감안하면 사실상 중국 제품을 사용하지 말라는 의미와 같다.

현재 중국은 시진핑 체제를 더욱 공고히 하며 미국과 장기전을 준비하고 있다. 원래 중국 공산당 주석은 두 번의 연임만 가능하고 이후에는 임기를 다른 이에게 넘겨줘야 했다. 하지만 2018년 시진핑은 국가주석직 2연임 초과 금지 조항을 삭제했고 2022년 10월 당대회에서 3연임을 확정하며 사상 초유의 종신 집권 체제를 구축했다. 미국과 중국의 대결이 장기화될 것을 암시하는 것이다.

21세기 패권 국가는 총, 칼 등 군사력이 강하다고 되는 것이 아니다. 중국은 4차 산업혁명 시대를 선도하는 기술력을 갖춘 국가가 패권국가가 될 것이라 생각하여 막대한 손실에도 불구하고 반도체 굴기를 밀어붙이고 있다. 또한 전기차 배터리, 인공지능, 데이터센터, 5G 등의 첨단 산업에도 집중 투자하고 있다. **미국과 중국은 체제 경쟁을 넘어 이제 기술 전쟁을 펼치고 있는 상황이다.**

중국은 러시아의 우크라이나 침공에 대해 공식적으로는 중립 입장을 표방했다. 하지만 중국이 러시아 편을 들어준 것을 모르는 사람은 없다. 이번 전쟁으로 인해 전선은 더욱 넓어졌다. 미·중 갈등에서 미국·EU vs. 중국·러시아의 대결로 넓어졌고 민주주의와 독재정권의 대립이라는 신냉전 시대가 시작되었다. 중국과 관계가 좋던 EU는 이번 전쟁을 계기로 중국을 적으로 돌렸다. 2022년 6월 스페인에서 개최된 나토NATO 정상회의에서 나토는 러시아를 가장 직접적인 위협으로 거론했고, 중국을 '나토의 이익, 안보, 가치에 대한 도전'으로 명시했다. 중국이 '핵심 기술, 중요 인프라, 전략적으로 중요한 물자와 공급망을 통제하려 한다'고도 명시했다. 즉 EU는 정치적으로는 중국을 적으로 돌렸다. EU와 중국은 서로 교역량이 많고, EU는 제조업의 많은 부분을 중국에 의존하고 있기 때문에 경제적 측면에서 중국을 단칼에 자르기는 어렵다. 하지만 최근 기류를 보면 EU는 중국을 조금씩 손절하고 있다. 2022년 9월 EU는 중국을 겨냥해 강제 노동으로 생산된 국가의 제품은 수입을 금지하겠다는 규제안을 발표했다. EU도 미국처럼 중국산 제품 수입을 조금씩 줄여가겠다는 의미로 풀이된다.

신냉전 체제는 2023년에도 이어질 가능성이 높다. 2023년만이 아니라 앞으로도 수년간 지속될 가능성이 높은 상황이다. 신냉전 시대에 경제적으로 가장 큰 이슈는 **중국 공급망 배제**이다. 제조업의 큰 축을 담당한 중국을 지우는 것이다. 중국을 지운다면 중국의 빈

그림 5-2 **바이든 vs 시진핑**

자료: AP

자리를 누군가가 채워야 한다. 중국 제조업 결핍을 채우는 국가, 산업, 기업이 미래의 승자가 될 가능성이 높은 상황인 것이다.

미국의 중국 견제, 호재일까 악재일까?

반도체는 애초에 중국이 제대로 하지 못하는 산업이라 중국 제조업 결핍에 따른 큰 수혜를 보기는 어렵다. 하지만 중국의 반도체 굴기는 장기적으로 국내 반도체 산업에 큰 악재이기에 미국의 중국 견제는 호재라고 할 수 있다. 만일 미국의 첨단 반도체 장비가 중국에 제공된다면 중국 반도체가 한국을 따라잡는 것은 시간 문제이다. 중국의 YMTC는 애플의 아이폰 14에 3D낸드를 납품(애플은 2022년 10월 미국의 중국 반도체 장비 수출 규제 일환으로 YMTC 반도체 도입을 공식적으로 포기)할 정도로 기술 수준이 크게 발전했다. 중국이 반도체 굴기에 성공한다면 한국 반도체 기업들은 중국 시장을 잃게될 것이고 기업가치도 크게 하락할 수밖에 없다(현재 한국 반도체 수출의 40~50%는 중국향이다). 다행히 중국은 미국의 견제로 첨단 반도체를 제조할 역량이 아직 없는 상황이다.

2022년 10월, 미국 상무부는 대중對中 반도체 장비 수출 규제를 발표했다. 중국에 위치한 반도체 공장에 첨단 반도체 제조 장비를 공급하는 것을 금지시킨 것이다. 미국의 AMAT, 램리서치, KLA 등 장비 수출이 사실상 금지되었다. 미국 기업들의 장비가 없으면 첨단 반도체 제조는 불가능하다. 미국 정부도 이를 잘 알고 있기에 반도체 장비 수출을 금지시킨 것이다.

문제는 삼성전자와 SK하이닉스다. 삼성전자는 중국 시안에 낸드플래시 공장이 있는데 삼성전자 전체 낸드의 40%가 시안 공장에서 생산된다. SK하이닉스는 중국 우시에 D램 공장이 있는데 전체 D램의 절반이 우시 공장에서 생산되고 있다. 시안, 우시 공장에 미국의 반도체 장비 공급이 안 된다면 삼성전자와 SK하이닉스는 첨단 반도체를 생산할 수 없게 된다. 다행히 미국 상무부는 삼성전자와 SK하이닉스의 중국 현지 공장에 대해서는 수출 통제 조치를 1년간 유예했다. 하지만 1년 후에는 어떻게 될까? 1년 후에 이 조치가 연장되지 않는다면 삼성전자와 SK하이닉스는 반도체 장비 공급을 받지 못하게 되고 중국 공장은 최신 공정으로 제조된 반도체를 생산할 수 없게 된다. 결국 중국이 아닌 다른 곳에 중국을 대체할 생산 라인을 증설해야 하는 임무가 떨어진 것이다. 이를 '리로케이션Relocation'라고 하는데 생산 라인을 재배치해야 한다는 의미이다. 최시영 삼성전자 파운드리 사업부 사장은 2022년 10월 '파운드리 포럼'에서 공장 10개를 지을 수 있는 부지를 확보했고 기존의 10배에 달하는 반도체 투자를 할 것이라고 발표했다. 업계 전문가들은 한국과 미국 중심으로 반도체 생산 라인이 증설될 것이라고 예측했다.

미국의 대對중국 반도체 규제가 없었다면 삼성전자는 중국을 중심으로 반도체 투자를 더욱 늘렸겠지만 **이제는 탈脫중국이 불가피하다**. 한국과 미국 중심으로 반도체 신규 공장들이 건설된다면 반도체 공장 건설 시 필요한 클린룸, 가스공급 장치들을 설치해 주는 **반도체 인프라 관련주에 주목해야 한다**. 또한 미국 텍사스 오스틴에 위치한 삼성전자 파운드리 공장에 소재와 장비를 공급했던 기업들도 주목해야 한다. 삼성전자는 미국 테일러 시에 22조 원을 들여 파운드리 공장을 짓고 있고, 2024년부터 양산이 시작된다. 반도체 '리로케이션'은 이미 시작됐다.

중국의 대항마가 될 국내의 2차전지 소재, 제조사에 주목

중국 제조업 결핍으로 인해 가장 크게 수혜를 받을 수 있는 산업은 다음의 조건을 갖추고 있어야 한다. 중국의 글로벌 시장 점유율이 높은데 한국과 경쟁 강도가 심해야 한다. 또한 시장의 성장성도 커야 한다. **대표적으로 전기차용 2차전지와 태양광이 있다.** 둘 다 중국이 세계 1위를 차지하고 있고 한국과 경쟁이 심한 산업이다. 물론 성장성이 높다는 것은 누구도 부인하지 않을 것이다.

2020년 여름, 미국에서 **IRA 법안이** 통과되었다. 이 법안에 따르면 전기차 구매 보조금 7500달러를 받기 위해서는 미국 현지에서 전기차를 생산해야 한다. 2023년부터는 북미 지역에서 생산된 광물, 소재, 부품을 일정 비중 이상으로 사용하여 제조된 배터리가 장착된 전기차에만 보조금을 지급한다고 한다. 전기차용 배터리에 사용되는 리튬, 흑연, 양극재 등 핵심 소재는 대부분 중국산이다. 미국 시장에서 파나소닉을 제외하면 대부분의 배터리는 한국 기업들이 제조하여 납품한다. LG에너지솔루션은 테슬라와 GM, SK온은 포드, 삼성SDI는 스텔란티스에 배터리를 공급한다. 그런데 한국 기업들은 배터리 제조에 필요한 리튬의 64%를 중국에서 수입하고 있다. 리튬은 하얀 석유로 불릴 정도로 귀한 대접을 받고 있는 소재로 NCM811(니켈 80%, 코발트 10%, 망간 10% 비중) 배터리 양극재 제조 원가의 65%를 차지하고 있다. 리튬이 없으면 배터리를 만들 수 없다. 즉 현재로서는 중국산 리튬이 없으면 미국에서도 배터리 제조가 불가능한 상황이다. 하지만 IRA 법안이 통과되었기 때문에 리튬을 비롯한 중국산 소재와는 이별을 준비해야 한다. 중국산 리튬, 흑연, 양극재 결핍을 채워줄 기업들이 성장할 수밖에 없는 상황이 된 것이다.

그래서 포스코의 아르헨티나 염호 투자가 반갑게 느껴진다. 2021년 포스코는 수산화리튬 생산을 목표로 아르헨티나 옴브레 무에르토 염호에 약 1조 1,000억 원의 투자를 결정했다. 이후 2023년 중 아르헨티나 현지에 수산화리튬 생산 공장을 착공할 예정으로, 이후 안정적인 생산이 현실화될 경우 고수익이 발생하는 알짜 사

그림 5-3 포스코홀딩스가 투자한 아르헨티나 옴브레 무에르토 염호

자료: 포스코홀딩스

업으로 성장할 가능성이 높다.

배터리 소재만이 아니다. **배터리 제조사들도 결핍을 채워줄 기업들이다.** 세계 1위 전기차용 배터리 제조사인 중국의 CATL은 2022년 8월, 멕시코에 지으려던 전기차용 배터리 공장 건설 계획을 전면 보류했다. 북미 시장에 진출하려던 계획을 접은 것이다. 미국은 중국 배터리가 자국 시장에 진입하는 것을 원치 않고 중국도 이를 잘 알고 있다. 세계 3대 자동차 시장(미국, EU, 중국) 중 가장 성장이 느렸던 미국 시장의 성장이 본격적으로 시작되고 있다. 전기차를 만드는 기업들은 많지만 고품질의 배터리를 대량으로 생산하는 기업은 극소수이다. 일본의 파나소닉을 제외하면 미국 시장에서 한국 배터리는 사실상 독과점 상태이다. 2022년 LG에너지솔루션 주가가 시장보다 강했던 이유이기도 하다.

배터리 장비 제조사도 주목해야 한다. 중국과 유럽은 이미 전기차 시장이 크게 성장했고 전기차 침투율이 20%에 육박하고 있다. 하지만 미국은 여전히 전기차 침투율이 한 자릿수인 7% 수준에 불과하다. 앞으로 전기차 시장의 성장은 미국에서 나올 수밖에 없고 전기차의 핵심인 배터리 역시 미국 시장이 가장 큰 수요 시장이 될 수밖에 없다. 국내 배터리 제조 3사는 2006년부터 유럽에 증설을 시작하면서 유럽에 총 107.5GWh 규모의 생산 시설을 확보했다. 전기차 1대에 들어가는 배터리 용량은 통상 75kwh라고 한다. 1GWh는 100만kwh이다. 1GWh는 75kwh 용량의 전기차 1만

그림 5-4 **GM 쉐보레 실버라도 픽업트럭**

자료: GM

3,000대를 생산할 수 있는 규모이다. 107.5GWh 규모로 계산하면 전기차 143만 대를 생산할 수 있다.

미국은 픽업트럭 비중이 매우 높은 지역이다. 전체 자동차 판매의 15% 이상이 픽업트럭이고 마찬가지로 전기차 시장에서도 비중이 꽤 높을 것이다. 포드의 F150라이트닝, GM의 실버라도, 테슬라의 사이버트럭이 2023년 이후 출시를 앞두고 있다. 픽업트럭의 기본 배터리 용량은 100kwh를 넘고 GM의 실버라도는 무려 200kwh의 용량을 자랑하고 있다. 미국 시장의 전기차 대당 배터리 용량은 픽업트럭의 영향으로 100kwh를 상회할 가능성이 높다. 1대를 생산해도 유럽보다 더 많은 배터리가 필요하다는 것이다. 유럽보다 시장도 크면서 대당 배터리 용량도 매우 큰 시장이기에 국내 기업들은 미국에 공격적인 설비투자를 단행하고 있다.

LG에너지솔루션 7개, SK온 3개, 삼성SDI 1개 등 총 11개의 미국 배터리 제조 공장 투자 계획이 발표됐는데 증설 규모는 LG에너지솔루션 255GWh, SK온 151GWh, 삼성SDI 23GWh이며 2025년부터 본격적인 생산에 들어갈 계획이다. 북미 시장에서 필요한 배터리 수요는 모든 자동차가 전기차로 전환되었을 경우를 가정했을 때 1,670GWh 수준에 달할 것이라고 한다. 2022년 10월까지 발표된 배터리 증설 계획을 바탕으로 추정한 배터리 물량은 542GWh 수준이다.

모든 자동차가 전기차로 전환되는 것은 아직은 먼 얘기이다. 하지만 1,128GWh가 더 필요하다는 것은 지금의 증설 물량만 가지고는 턱없이 부족하다는 결론이 나온다. 미국 전기차 시장은 열렸고, 미국의 전기차 배터리는 수요대비 공급이 부족한 상태가 지속될 것이고, 이를 해결하기 위해 공격적인 배터리 공장 증설이 지속될 가능성이 높다. 여기에 중국은 없다. 미국이든 EU든 이제 많은 국가들이 비용이 더 들어가도 안정적인 공급망을 갖추길 원한다. 바이든은 2차전지를 4대 전략물자(반도체, 배터리, 희토류, 의약품)라고 언급했다. 2차전지 역시 안전한 공급망을 원하고 있고 그 중심에 한국 기업들이 있는 것이다.

앞으로 미국의 많은 지역에 배터리 공장이 지어질 것이다. 배터리 공장만이 아니다. IRA 법안으로 인해 부품, 소재도 미국에서 자체 생산해야 한다. 이러한 상황은 2차전지 섹터 내에서 가장 부진했던 장비주에 큰 모멘텀이 될 가능성이 높다. 물론 여기에도 중국이 끼어들 틈은 없다. 배터리 제조장비도 중국과의 경쟁이 치열한데 적어도 미국시장에서는 중국산 배터리 제조 장비의 결핍을 한국이 채워줄 것이다. 장비가 없으면 배터리 제조는 불가능하다. **배터리 장비 기업 투자를 고민하고 있다면 진입장벽이 높은 전극공정 장비 업체에 주목해야 한다.** 또한 미국 전기차 배터리 증설 물량이 경쟁사들을 압도하고 있는 LG에너지솔루션의 매출 비중이 높은 기업에 주목해야 한다. LG에너지솔루션은 일본의 혼다와 5.1조 원을 투자하여 미국 오하이오 주에 배터리 공장을 건립하기로 결정했고 세계 1위 자동차 제조사인 도요타에 전기차용 배터리 공급을 타진하고 있다. 일본의 자동차 제조사들도 선택지가 없다. 미국에서 전기차를 팔고 싶다면 한국 배터리 기업과 손을 잡아야만 한다. 일본에서 생산된 소재가 탑재된 배터리를 장착한 전기차는 미국에서 보조금을 받을 수 없기 때문이다. LG에너지솔루션은 캐나다 일렉트라에서 황산코발트, 캐나다 아발론과 스노레이크에서 수산화리튬, 호주 시라에서 천연 흑연, 한국 포스코케미칼에서 양극재와 음극재를 공급받기로 했다. SK온은 호주 레이크리소스와 글로벌리튬에서 리튬을 대규모로 공급받기로 했다. 캐나다, 한국, 호주에서 정제된 2차전지 광물과 소재를 원재료로 사용한 배터리는 IRA에 따라 미국 판매 시 보조금을 받을 수 있다. 자동차 제조사들이 한국의 전기차용 배터리를 선택해야 하는 이유다.

지금까지 미국의 중요성을 강조했지만 유럽도 무시해서는 안 된다. 여전히 한국 배터리 기업들의 주요 매출 지역은 유럽이다. 2022년 기준 한국 배터리 3사의 유럽 매출 비중은 65~80% 수준에 달한다. 그런 유럽이 미국과 마찬가지로 안전한 공급망 신설 운동에 참여하기 시작했다. 우르줄라 폰 데어 라이엔 EU 집행위원장은 2022년 9월 14일 연례 국정 연설에서 '유럽 주요 원자재법'을 제정하겠다고 발표했다. 러시아로 인한 에너지 대란을 교훈삼아 다른 부분에서도 '한 국가'에 지나치게 치우친 공급망을 개선시키겠다는 의미로 풀이된다. 여기서 얘기한 '한 국가'는 바로 중국이다.

EU 역시 배터리의 중국 의존도를 낮추겠다는 것이다. 2026년에는 '배터리 여권제'도 시행할 계획이다. 배터리 여권제는 배터리의 생산이나 이용, 재활용 같은 이력을 영구 보존하는 것으로 이 여권에는 재료의 원산지까지 기록된다. 이를 통해 중국산 소재를 배제할 가능성이 높다. 미국과 달리 유럽시장은 한국과 중국의 배터리 진검승부가 펼쳐지고 있는 곳이다. CATL은 폭스바겐, BMW 같은 유럽 자동차 회사에 배터리를 납품하고 있다. EU가 중국 배터리 공급망을 배제하기 시작한다면 중국을 대체할 기업들은 한국 외에 없다. 물론 노스볼트, 브리시티볼트 같은 유럽 자체 배터리 제조사들도 있지만 한국 기업들의 역량에는 한참 못 미친다. 한국 전기차 배터리 제조사들은 미국과 EU의 중국 결핍을 채워줄 수 있는 최적의 기업들이다.

폐배터리 산업도 주목해야 한다. 2022년 약세장에서 뜨거운 모습을 보여주었던 폐배터리 산업은 2023년에도 뜨거운 기세를 이어갈 가능성이 높다. 글로벌 배터리 소재의 60% 이상을 차지하고 있는 중국산을 단기간에 대체하는 것은 불가능하다. 호주, 캐나다 등의 광물 자원을 활용하더라도 완벽히 대체할 수는 없다. 그렇기에 폐배터리의 중요성은 더욱 커질 수밖에 없다. 정상적인 배터리 사용량의 60% 이하로만 사용이 가능한 배터리는 폐기 처분하게 되는데 폐기된 배터리를 재활용하면 그 안에서 리튬, 니켈, 망간 등 핵심 소재를 추출해낼 수 있고 새로운 배터리를 제조하는 데 다시 투입할 수 있다. 한국, 미국, 유럽의 많은 기업들이 폐배터리 산업에 적극적으로 진출하고 있는 이유이기도 하다.

촘촘한 태양광 밸류체인으로 글로벌 경쟁력을 만들다

국내 태양광 산업도 중국 태양광 산업의 대체재로 부각될 가능성이 높다. 이미 미국은 2018년 트럼프 행정부 시절부터 중국산 태양광 패널을 견제하기 위해 30%의 고율 관세를 매기기 시작했다. 지금은 관세율이 15%로 낮아졌지만 2026년까지 15%의 관세율은 그대로 유지된다. EU 의회에서는 '강제노동 제품 판매 금지'를 위한 법안이 발의되었다. 사실상 중국을 겨냥한 규제책이다. 그럼에도 중국의 글로벌 태양광 공급망 장악력은 상당한 수준이다. 아시아의 57%, 유럽의 21%, 미국의 16%를 중국 태양광이 장악하고 있다. 글로벌 태양광 수요의 39%를 중국이 차지하고 있는 반면 2등인 미국의 수요 점유율은 10%에 불과하다.

태양광 밸류체인을 세분화하면 그 의존도는 더욱 높아진다. **태양광 폴리실리콘 78%, 웨이퍼 98%, 셀 86%, 모듈 81%를 중국이 장악하고 있는 상황이다.** 중국 소재, 부품이 없으면 태양광은 꿈도 꿀 수 없는 상황이다. 에너지 부족으로 신재생에너지 생산 능력을 크게 확충해야 하는 유럽과 더불어 IRA 법안을 통해 신재생에너지 인프라를 구축해야 하는 미국 입장에서 높은 중국 의존도는 부담스러울 수밖에 없는 상황이다. 결국 미국, 유럽 모두 중국의 태양광 대체재를 찾을 가능성이 높다. 100% 대체는 현실적으로 불가능하지만 점진적으로 중국 비중을 줄여나갈 것임은 자명하다.

한국은 중국 못지 않게 태양광 밸류체인을 잘 갖추고 있다. 폴리실리콘 제조 업체인 OCI의 글로벌 시장점유율은 7위이지만 중국 기업들을 제외하면 독일의 와커Wacker와 더불어 세계 1위의 생산량을 보유하고 있다. 태양광 모듈 제조사인 한화큐셀(한화솔루션 자회사)은 2021년 기준 미국 주거용 태양광 시장과 상업용 태양광 시장에서 각각 24%, 20.8%의 점유율로 1위를 기록했다. 한화큐셀은 기술 경쟁력도 매우 뛰어난 기업이다. 향후 태양광 시장을 지배할 페로브스카이트 태양전지도 개발 중이다. 페로브스카이트는 러시아 우랄산맥에서 새로 발견된 광물로 실리콘을 사용하는 기존 태양전지보다 소재 공급이 원활하고 태양광 흡수력이 매우 높아 효율이 좋다. 태양전지 상단을 단파장을 잘 흡수하는 페로브스카이트 소재로 사용하고 하단을 장파장을 잘 흡수하는 실리콘 소재로 사용하여 제조하면 효율이 크게 개선된다. 실리콘 태양전지 최고 효율은 29.1%인데 페로브스카이트를 상단에 적용한 셀을 사용하면 최대 효율이 44%로 개선된다. 이 고효율의 셀을 '탠덤 셀'이라고 한다. 탠덤은 두 마리의 말이 이끄는 마차를 의미한다. 페로브스카이트, 실리콘 소재가 동시에 이끄는 탠덤 셀은 태양 빛을

그림 5-5 **태양광 발전소 전경**

자료: 한화큐셀

많이 흡수하기 때문에 앞으로 대세가 될 가능성이 높다. 한화큐셀은 탠덤 셀을 개발 중이고 기술력이 가장 뛰어나다는 평가를 받고 있다.

중국을 대체할 수 있는 제조업 기반의 국가는 많지 않다. 한국을 비롯해 일본, 대만, 인도 정도가 떠오른다. 한국은 반도체, 배터리, 태양광 분야에서 높은 경쟁력을 보유하고 있다. 반도체는 중국이 여전히 따라올 수 없는 영역에 있으며 배터리, 태양광 기술은 세계 최고 수준이다. 중국에 과도하게 의존하던 미국과 유럽이 바뀌고 있다. 그들은 지금 이 시간에도 기술력을 갖춘 중국의 대체재를 부지런히 찾고 있을 것이다.

전기차, 친환경으로 나아가고 싶은 그들의 욕망을 채워줄 수 있고 중국의 결핍을 채워줄 수 있는 한국의 배터리와 태양광. 2023년에도 이 산업은 시장을 주도할 가능성이 높다.

표 5-1 중국 제조업 결핍에 따른 투자 유망주

기업명	투자 포인트
포스코홀딩스	- 2010년 리튬 생산기술 개발 착수 - 2018년 아르헨티나 옴브레 리튬 염호 인수, 호주 광산기업 지분 인수 - 2022년 2차전지용 고순도 니켈 정제공장 착공(광양제철소) - 2024년 아르헨티나 염호에서 대규모 수산화리튬 생산 - 리튬, 니켈 등 2차전지 광물 기업으로 주가 재평가 기대 - 폴란드 폐배터리 재활용 공장 'PLSC' 준공 - PER 4배, 배당수익률 6%

LG화학	- LG에너지솔루션 대규모 증설에 따른 양극재 매출 증가 - 세계 최초 생산라인당 양극재 1만 톤 생산
디이엔티	- 세계 유일 2차전지 레이저 노칭(절단) 장비 제조 - LG, GM 합작사 얼티엄셀즈에 레이저 노칭 장비 납품 - 주 고객사 LG에너지솔루션 미국 증설 확대 수혜
LS	- LS니꼬동제련(구리 정제 사업) 지분 100% 인수 - 배터리 소재 황산니켈 사업 시작 - 자회사 '토리컴' 폐배터리 시장 진출 기대
SK	- 비상장 자회사 'SK에코플랜트', 미국 폐배터리 재활용 업체 '어센드 엘리먼츠' 지분 인수로 최대주주 등극 - 어센드 엘리먼츠: 폐배터리에서 희소금속을 개별적으로 추출하는 기술 보유 - SK에코플랜트, 싱가포르 전자 폐기물 기업 '테스' 지분 인수
한화솔루션	- 미국 주택, 상업용 태양광 셀 1위 - 미국 태양광 시장 성장 및 태양광 기업 세액공제 수혜
서진시스템	- 통신장비 부품, 반도체 장비 부품, ESS, 컨테이너 박스, 그릴, 로봇, 반도체 케이블, PCB, 스마트폰 케이스 등을 제조 - 글로벌 ESS 1위 기업 플루언스에 ESS 부품 납품 - 중국 제조업의 빈자리를 채워줄 OEM 기업
코미코	- 반도체 장비의 장기간 사용을 위한 세정, 코팅 서비스 제공 업체 - 미국 법인 KoMiCo Technology를 통해 미국에 반도체 세정/코팅 라인 보유 - KoMiCo Hillsboro, KoMiCo Phoenix 등 미국 반도체 세정/코팅 법인 설립 - 삼성전자 미국 반도체 투자 확대 수혜
세보엠이씨	- 국내 반도체 하이테크 설비공사 전문 업체. 반도체 배관 및 덕트 공급 - 반도체 리로케이션에 따른 반도체 공장 증설 수혜
에스티아이	- CCSS(반도체 중앙약품 공급 시스템) 장비 제조사 - 삼성전자, SK하이닉스, 마이크론, 인텔 등 고객사 인프라 투자 확대 수혜
삼성전자	- 미국, 중국 반도체 규제 수혜 - 3나노 GAA 파운드리 수율 증가 및 미국 고객사 확대 기대 - PBR 1.1배(2023년) 57,000원 이하는 역사적 밸류에이션 하단

'결핍'을 채워주는 산업과 기업에 투자하자

에너지 결핍
: 공급 개선과 환경 이슈라는 딜레마

에너지 시장에 먹구름을 만든 요인들

2022년 2월, 회색 코뿔소(누구나 위험한 걸 알지만 현실화되기 어려운 위험)가 글로벌 금융시장을 강타했다. 러시아의 푸틴이 우크라이나 침공 버튼을 누른 것이다. 전쟁은 시작되었고 주식시장은 급락했다. 글로벌 화석 에너지 시장의 큰 손인 러시아의 전쟁으로 에너지 수급에 큰 차질이 발생했다. 그로 인해 물가는 크게 올랐다. 예상 밖의 고물가에 전 세계 중앙은행은 전쟁에도 불구하고 금리를 급격히 올리기 시작했다. 2022년 초, 1번 정도의 금리 인상을 예고했던 Fed는 연달아 금리를 올렸고, 한 번에 0.75% 올리는 자이언트 스텝을 단행했다. 금융시장의 충격에도 불구하고 물가만 잡겠다고 선언한 Fed는 2022년 미국 기준금리를 4%까지 올리고 말았다. 금리 충격으로 미국 나스닥은 고점대비 -35% 급락했고, 코스피 역시 고점대비 -35% 이상 급락했다. 글로벌 증시가 이렇게 하락한 근본적인 원인은 고물가이다. 그리고 이 고물가에 기름을 부은 것이 푸틴의 우크라이나 침공이었다.

사실은 전쟁 전부터 에너지 공급 부족에 의한 에너지 가격 상승은 지속되고 있었다. 2014년으로 돌아가보자. 당시 유가는 100달러를 상회하고 있었는데 글로벌 경기 침체 여파로 40달러까지 급락했고 2016년에는 20달러대까지 하락했다. 여기에 더해 2015년 미국의 오바마 대통령을 비롯한 세계 각국의 정상들은 파리 기후협약에 가입하며 탈탄소를 선언했다. 석유시장에 매서운 찬바람이 불었고 유가의 구조적 상승은 영원히 어려울 것처럼 보였다. 친환경에너지 정책에 의한 경쟁 에너지 등장, 경기 침체로 인한 수요 부족, 그럼에도 줄지 않는 공급 등 화석연료시장은 침체를 이어나갔다. 침체가 지속되었기 때문에 투자도 줄어들었다. 유전, 가스 광구 등의 사업에 투자하려는 사람들은 많지 않았다. 여기에 친환경 정책을 표방하고 나온 바이든 대통령이 집권하면서 미국의 화석연료 투자는 더욱 위축되었고 그렇게 공급은 더욱 줄어들었다.

코로나19 이후 발생한 여러 가지 사고들도 에너지 시장에 큰 영향을 끼쳤다. 2021년 봄, 미국 텍사스에 한파가 닥쳤다. 텍사스는 따뜻하고 눈이 안 오는 지역으로 유명한 곳이다. 그런데 한파로 인해 전기가 끊겼다. 당시 발생한 정전으로 삼성전자 파운드리 공장은 일시적으로 문을 닫았다. 2021년 여름에는 독일과 벨기에에 기록적인 폭우가 쏟아지며 대홍수가 발생했다. 지난 100년간 발생한 폭우 중 최대였다. 2021년 가을에는 영국 등 서유럽에 바람이 불지 않아 풍력 에너지 생산이 크게 줄었다. 2021년 9월에는 중국에서 대규모 전력 부족 사태가 발생했다. 중국의 전력 수요가 급증하는 상황에서 주요 에너지원인 석탄 등 원자재 부족으로 화력발전소들이 문을 닫았고 중국의 공장들은 차례대로 생산을 중단했다. 중국의 지속적인 친환경 정책으로 석탄 생산이 줄어든 가운데 호주와의 정치적 갈등으로 석탄 수입마저 감소했다. 중국 공장들의 가동률이 높아지면서 전력 수요는 크게 증가했는데 전력을 생산할 연료가 부족해 중국 경제는 큰 타격을 받았다(당시 중국 부동산 개발 3위 업체인 헝다의 부도 리스크까지 발생해 중국발 위기설이 터지며 글로벌 증시는 큰 충격을 받았다).

2021년 12월에는 유럽의 천연가스 가격이 하루에 20% 상승하는 일도 발생했다. 러시아 국영 가스 기업 가즈프롬이 유럽으로 공급되는 가스관 세 곳 중의 하나인 '야말-유럽' 파이프라인을 통한 천연가스 공급을 중단했다. 유럽은 천연가스 공급의 30%를 러시아에 의존하고 있었는데 러시아의 이러한 조치로 천연가스 공급이 크게 줄었고 난방 시즌 가스 수요까지 겹치며 천연가스 가격은 연초 대비 600% 이상 상승했다. 에너지 부족으로 인한 전기요금 급등으로 유럽 경제는 큰 충격을 받았다. 러시아와 독일을 직접 연결하는 파이프라인인 '노드스트림2' 승인이 지연되자 러시아가 이를 압박하기 위해 가스관을 잠갔다는 보도가 있었지만 러시아는 이를 부인했다. 이유가 무엇이든 2021년 발생한 이상 기후 현상, 친환경 정책에 따른 화석연료 공급 부족 지속, 에너지 수요 증가, 중국·러시아와 주요국 간의 정치적 리스크 등이 겹치며 원유, 석탄, 천연가스 등 화석연료 가격은 끝없이 상승했고 러시아의 우크라이나 침공으로 에너지 문제는 최악의 상황에 치닫고 말았다.

신재생에너지의 선두주자가 될 미국

2022년 글로벌 경제는 위기를 경험했다. 에너지 결핍과 이로 인한 공급 충격으로 물가가 급등하고 물가를 잡기 위해 각국의 중앙은행들이 금리를 급격히 올리면서 달러가 강해졌다. 사람들은 지갑을 닫았고 강달러로 유럽과 신흥국 경제가 휘청였다. 인간은 문제가 생기면 어떻게든 해결하고자 하는 본능이 있다. 위기의 근본 원인인 에너지 문제를 방치하면 더욱 심각한 상황이 발생할 수밖에 없기에 미국과 유럽은 이를 해결할 대책을 발표했다. **바로 미국의 'IRA(인플레이션 감축 법안)', 유럽은 'REPowerEU' 정책이다.**

IRA는 인플레이션을 줄이기 위해 친환경 투자를 늘려 공급을 증가시키고 세액공제를 통해 경기를 부양시키겠다는 정책을 담고 있다. 미국은 여타 국가들과 달리 화석에너지 최대 생산 국가 중 하나이다. 셰일가스, 셰일오일 등 화석연료가 풍부하기 때문에 남는 에너지를 배에 실어 세계 각국에 수출하고 있는 에너지 부국이다. 미국은 에너지 결핍 국가가 아니다. 하지만 바이든 행정부는 화석연료를 싫어한다. 태양광, 풍력, 수소 같은 청정에너지원으로 미국의 에너지 체계를 바꾸고 싶어 한다. 온실가스도 줄여야 하고 텍사스 한파 같은 기후 변화에도 대응해야 하기에 신재생에너지로의 전환은 필수다. 미국은 화석에너지는 풍부하지만 신재생에너지는 상대적 결핍 상태이다. 유럽이나 중국에 비해 신재생에너

그림 5-6 IRA 법안에 서명한 바이든 대통령

자료: 미국 백악관

지 투자가 그동안 부족했던 탓이다

IRA에 따르면 미국은 2030년까지 온실가스 40% 감축을 목표로 친환경 에너지 생산과 기후 변화 대응 정책에 3,690억 달러를 투자하게 된다. 전체 예산의 절반이 기후변화 대응과 국가 에너지 안보 강화에 사용된다. 예산의 많은 부분이 친환경 산업에 투자되는 것이다. 전기차 대중화를 위한 보조금 혜택은 물론이고 신재생 에너지 인프라 건설 및 생산에 상당히 큰 보너스를 지급할 전망이다. 이와 관련해 알아둘 용어가 있다. PTC와 ITC이다. 어렵지 않으니 잠깐만 공부하고 가자.

PTC는 'Production Tax Credit'의 약자로 생산세액공제를 의미한다. 예를 들어 한화큐셀이 미국 내에서 태양광 생산을 늘리면 늘릴수록 그에 비례해 세금을 깎아주겠다는 정책이다. ITC는 'Investment Tax Credit'의 약자로 투자세액공제를 의미한다. 만일 한화큐셀이 ITC를 선택하면 태양광 발전 시설을 지을 때 투자비에 대한 세액공제를 초기에 받을 수 있다. PTC와 ITC는 동시 적용이 불가능하고 하나만 선택해야 한다. 태양광과 해상풍력은 PTC와 ITC 중에서 선택이 가능하지만 육상풍력은 ITC를 선택할 수 없고 PTC만 선택할 수 있다. PTC든 ITC든 결론은 같다. 많이 짓고 전력을 많이 생산할수록 혜택을 많이 주겠다는 것이다. 태양광 PTC는 2006년 폐지되어서 ITC만 적용되고 있었지만 IRA을 통해 PTC가 다시 부활하게 되었다. 세제혜택 적용 비율도 2024년에 10%로 낮아지는 단계적 감축 방식이었는데 10년간 30% 적용이 그대로 유지되었다.

IRA를 통해 수소 산업도 큰 혜택을 받을 수 있게 되었다. 청정수소의 PTC가 처음으로 포함된 것이다. PTC는 많이 생산할수록 그에 비례해 혜택을 받는다. 청정수소 세액공제는 kg당 3달러이다. 특히 수소 생산 시 온실가스를 적게 배출할수록 세액공제를 많이 해준다. 물을 전기분해해서 생산하는 수전해 방식인 그린수소에 가장 큰 혜택이 돌아가고 블루수소(천연가스를 분해할 때 생산되는 수소 생산 방식으로 이때 발생하는 이산화탄소를 포집하여 탄소배출을 감축), 청록수소(블루수소와 같은 방식이지만 수소 생산 시 발생하는 이산화탄소를 고체 상태로 바꾸어 활용)에도 세액공제 혜택이 적용된다. 청록수소는 연간 최대 2,800억 원의 세액공제가 가능하다고 한다.

IRA의 전제 조건은 미국 내 생산이다. 신재생에너지 투자 및 생산을 위해 미국산 부품을 사용하면 추가 세액공제를 10% 더 적용해준다. 예를 들어 미국 풍력 1위 기업인 GE가 해상풍력 설비투자를 할 때 미국산 부품을 20% 이상 사용하면 세액공제율이 30%에서 40%로 상승하게 된다. 미국에서 태양광 패널을 제조하는 업체들도 수혜가 예상된다. PTC나 ITC는 태양광 발전을 통해 전기를 생산하거나 발전 설비를 갖춘 업체에게 세제혜택을 제공한다. 태양광 패널이나 태양광 발전을 위한 부품 등을 생산하는 기업들은 발전 업체들의 투자 확대에 따른 반사 수혜만을 얻을 수 있었는데

이 IRA에는 **첨단 제조 생산세액공제(AMPC)**라는 법안이 들어가 있어서 이제 태양광 패널 제조사들도 직접적인 수혜를 받을 수 있다. AMPC는 태양광, 풍력, 배터리 부품 등의 생산을 미국 내에서 했을 때 세액공제를 해주는 제도이다. 이는 에너지 생산만이 아니라 에너지 생산을 위한 밸류체인까지 미국에서 하라는 얘기이다. 폴리실리콘은 kg당 3달러, 웨이퍼는 m²당 13달러, 셀은 와트당 4센트, 모듈은 와트당 7센트를 2023년부터 돌려주게 된다. 현재 글로벌 태양광 공급망은 중국이 거의 독점하고 있다. **폴리실리콘 76%, 태양광 잉곳 95%, 태양광 웨이퍼 96%, 태양광 셀 86%, 태양광 모듈 80%.** 무시무시한 숫자지만 이게 현실이다. 중국이 없으면 태양광 관련 제품을 만드는 것이 불가능한 상황이다. 미국도 이를 알기에 IRA 법안에 중국을 지우기 위한 AMPC를 넣은 것이다. 중국 기업들이 미국 내에서 생산 시설을 만드는 건 현재로서는 거의 불가능하다. 적어도 미국에서는 한국과 미국 태양광 패널 제조사들이 유

그림 5-7 글로벌 태양전지 공급망 중국 점유율 현황

폴리실리콘	잉곳	웨이퍼	셀	모듈
76%	95%	96%	86%	80%

■ 중국   ■ 그 외 국가

자료: Risen Energy, 전경련, Bernreuter Research, 삼성증권(2022년)

'결핍'을 채워주는 산업과 기업에 투자하자

리할 수밖에 없다.

IRA는 단순한 친환경, 인플레 완화 정책이 아니다. 미국의 고민을 해결해 줄 결핍 해결 법안이라고도 볼 수 있다. 지난 수십 년간 크게 약화된 미국의 제조업 경쟁력 결핍, 일자리 결핍, 친환경 결핍을 채워줄 정책이다. 막대한 돈이 투입될 IRA에 관련된 산업과 기업을 우리가 공부해야 하는 이유이기도 하다.

러시아산 에너지 의존도를 낮추려는 유럽

다음은 유럽이다. 러시아의 우크라이나 침공으로 충격을 받은 유럽은 러시아산 화석 연료 의존도를 줄이기 위해 2022년 3월 'REPowerEU' 계획을 발표했다. 유럽은 당시 러시아산 천연가스 의존도가 40%에 달하고 있었는데 2022년 말까지 이를 30% 수준까지 낮추고 2027년까지 '0' 수준으로 낮추겠다는 계획이다. 천연가스만이 아니다. 석유, 석탄 등 기타 화석연료도 러시아 비중을 제로 수준으로 낮추겠다는 것이다. REPowerEU에는 러시아산 에너지를 대체하기 위한 구체적인 플랜이 다음과 같이 담겨 있다.

첫째, 에너지 소비 절감이다. 에너지 사용을 줄이겠다는 의미이다. 2030년 에너지 소비를 의무적으로 9% 줄이기로 했는데 이 감축 비율을 13%까지 확대하기로 했다. 둘째, 에너지 공급망 다변화이다. 러시아산 천연가스를 대체하기 위해 미국, 중동, 아프리카 등으로 수입처를 다변화하고 LNG 인프라를 구축한다. 셋째, 신재생에너지 보급 확대이다. 신재생에너지 보급을 확대해 2030년까지 태양광, 풍력 평균 배치율을 20%까지 확대한다. **이 중에서 우리가 주목해야 할 것은 에너지 공급망 다변화와 신재생에너지 보급 확대이다.** 러시아 의존도를 낮추기 위해 유럽은 LNG 인프라 투자를 크게 증가시킬 것이다. LNG 운반선을 통해 들어오는 가스의 양이 앞으로 많아지기 때문에 이를 활용할 수 있는 터미널 등 기반 시설을 많이 구축해야 한다. LNG 보급 확대와 더불어 부족한 에너지를 충당하기 위해 신재생에너지 보급도 적극적으로 확대할 계획이다.

또한 재생에너지 인허가 절차를 단순화해서 설치 속도를 높이고 새로 짓는 건물은 의무적으로 지붕에 태양광 패널을 설치해야 한다. 2030년까지 80GW의 신재생에너지 용량을 추가로 증설할 계획인데 참고로 80GW는 원전 80기를 건설하는 용량과 맞먹는 매우 큰 규모이다. 참고로 1GW란 가구당 하루에 1KWh를 사용한다면 27만 가구가 1년간 사용하는 발전 용량이라고 할 수 있다. 80GW는 2,160만 가구가 1년 동안 사용할 수 있는 전력량으로 인구수 기준으로는 6,480만 명이 사용할 수 있는 막대한 규모이다.

REPowerEU와 별개로 독일, 덴마크, 네덜란드, 벨기에 4개국은 2050년까지 해상풍력 발전 규모를 현재의 10배로 늘리는 북해 해상풍력 발전 및 친환경 그린수소 분야 협력에 관한 협정에 서명했다. 이를 위해 북해 연안에 2030년까지 최소 65GW의 해상풍력 발전 시스템을 구축하기로 했고 여기에 들어가는 자금만 해도 1,350억 유로(약 190조 원)에 달한다. 러시아가 촉발한 에너지 공급 부족이라는 위험에 맞서 유럽은 LNG와 신재생에너지로 맞서고 있다. 유럽의 진심이 느껴진다.

중국과 러시아가 빠진 빈자리, 한국 기업이 채운다

2023년에도 2022년부터 본격화된 에너지 결핍 문제를 해결하기 위한 노력이 지속될 확률이 높다. 에너지 결핍 시대에 중국과 러시아가 빠진 빈자리는 한국 기업들이 채우게 될 것이다. **신재생에너지에서는 태양광, 해상풍력, 수소 투자 확대로 한국 관련 기업들의 수혜가 더욱 명확해질 것이다.** 글로벌 경쟁력을 보유한 한국의 태양광, 해상풍력 밸류체인에 속한 기업들의 성장은 2023년에도 지속될 가능성이 높다. 수소도 이제 본격적인 성장이 시작될 전망이다. 사실 IRA에서 가장 큰 수혜를 받을 수 있는 산업은 수소다. IRA를 통해 이제 수소도 세액공제 혜택을 받게 되었다. 앞으로 미국에서 청정수소에 대한 투자와 생산은 더욱 활성화될 것이다. 미국의 수소 대표 기업으로는 플러그파워Plug Power와 블룸에너지Bloom Energy가 있다. 여기에 투자를 단행한 SK의 행보에 주목해 볼 필요가 있겠다.

에너지 결핍을 충족하기 위한 미국의 IRA, 유럽의 REPowerEU 법안을 통해 우리는 신재생에너지 산업의 성장성을 알아봤다. 그런데 신재생에너지만으로는 에너지 결핍 문제를 완전히 해결할 수 없다. 화석연료이든 원자력이든 태양광이든 우리가 에너지를 사용하는 이유는 전기를 생산하기 위해서이다. 전기는 에너지만 있다고 해서 해결되는 것이 아니라 그에 맞는 인프라가 반드시 있어야 생산하고, 활용할 수 있다. 때문에 우리는 생산된 전기를 활용할 수 있게 해주는 **전력 인프라 산업**과 신재생에너지의 단점을 보완해 줄 수 있는 **보조발전 산업**에도 관심을 가져야 한다.

이제부터는 신재생에너지 확대에 따라 주목받을 산업 및 기술에 대해 하나씩 짚어보고자 한다. 각각의 유망 산업에서 어떤 투자의 기회가 있을지 함께 살펴보자.

해상풍력용 케이블, ESS

에너지는 생산만 해서는 안 된다. 이를 저장하고 송전하고 배전해서 기업이나 사람들이 실제 사용할 수 있게 해주어야 한다. **해상풍력으로 전기를 생산했을 경우 이를 육지로 보내야 하는데 그러기 위해서는 해상풍력용 케이블이 있어야 한다.** 또 태양광은 낮에만 전력 생산이 가능하다. 24시간 생산이 불가능하기 때문에 생산된 전력을 저장하는 시설이 반드시 필요하다. 이를 해결할 수 있는 수단이 **ESS**(대용량 에너지 저장 장치)이다. 낮에 태양광으로 생산된 전력을 ESS에 저장하면 필요할 때마다 전력을 꺼내서 사용할 수 있다. 한국은 아파트가 많지만 미국은 대부분 단독주택이다. 테슬라는 2018년부터 미국의 단독주택 지붕에 태양광 패널을 설치해 주는 사업을 시작했는데 이는 집을 하나의 발전소로 만드는 것이다. 옥상에 있는 태양전지에서 에너지를 만들고, 생성된 에너지를 전기로 바꿔 활용하고, 남는 전기는 ESS에 저장한다.

퇴근 후 집에 도착해서 전기차를 충전하고 남는 전기로 요리도 하고 TV도 보고 난방도 하게 되는 것이다. 낮에 태양광을 활용한 전력 생산이 평소보다 많았다면 전력이 남을 것이다. 이때 남는 전력은 **VPP**라는 가상 발전소(소규모 신재생에너지 발전 설비 등 여러 군데 분산된 전원을 클라우드 기반의 소프트웨어를 이용해 하나의 발전소처럼 관리하는 시스템)에 팔아 수익을 창출할 수 있다. **집이 발전소가 되어 에너지를 만들어 전기를 생산하고 이를 통해 수익도 낼 수 있는 세상이 곧 도래할 것이다.** 영화 속 세상이 아니라 현실에서 말이다. 이러한 꿈을 현실로 만들어주기 위해서는 전력 인프라의 고도화는 반드시 필요하다. 미국이나 유럽은 전력 인프라가 노후화되어 있다. 한국 기업들에게는 그 어느 때보다 높은 수요 창출의 기회가 생긴 것이다.

전력인프라: 송전, 배전, 변압기

2022년 하반기, 주식시장에서 여러 이슈들이 주목받았고 **사우디 네옴시티**Neom City **역시 큰 주목을 받은 이슈 중 하나였다.** 이는 사우디 북서부 홍해 인근 2만 6,500km² 부지에 서울의 44배 면적인 스마트시티를 조성하는 대규모 프로젝트다. 총 사업비 650조 원이 투입되며 제2의 두바이를 목표로 신재생에너지로만 운영되는 첨단 도시를 만들겠다는 계획이다.

2022년, 중동의 산유국들은 고유가로 인해 많은 이익을 얻었다. 하지만 원유를 생산하고 수출만 해서는 미래가 불투명하다는 것을 그들도 잘 알고 있었다. 지금 변하지 않으면 미래가 없다고 생각한 사우디의 왕세자는 막대한 돈을 들여 신도시를 짓고, 사우디의 경제 체질을 바꾸겠다고 선언했다. 네옴시티를 통해 최첨단 인프라를 갖춘 중계 무역국으로 체질 개선을 하겠다는 것이다.

과거 고유가 시기에 중동은 원유 생산시설을 더 늘리거나, 석유화학 플랜트를 짓거나, 대규모 빌딩을 짓는 데 집중했다. 그런데 이제는 변하고 있다. 과거와 달리 신도시를 만들기 시작했고, 화석연료에 집중된 발전 시스템을 바꾸기 위해 신재생에너지 산업에도 투자를 하기 시작했다. 네옴시티는 거대한 도시이다. 도시를 운영하기 위해서는 막대한 전력이 필요한데 그 전력을 신재생에너지로 100% 충당한다는 계획이다. 중동도 이제 신재생에너지 결핍을

그림 5-8 **사우디 네옴시티 상상도**

자료: The Great Middle East

느끼기 시작했고, 결핍을 채우기 위한 투자를 시작한 것이다.

투자 관점에서 보면 중동의 대규모 신도시 개발 수주가 기대되는 한국의 대형 건설사들에게 수혜가 돌아갈 것이 명확해 보인다. 하지만 국내 주택시장이 얼어붙으면서 분양시장도 침체를 보이고 있어 탄력적인 주가 상승을 기대하기는 쉽지 않다. 때문에 전력 인프라 관련주에 관심을 갖는 것도 고려할 필요가 있다. 중동은 이제 플랜트보다 인프라 투자에 집중할 가능성이 높다. 도시 인프라, 발전 인프라의 기본은 전력망 구축이다. 실제 국내 대표 전력망 관련 기업인 현대일렉트릭의 중동 수주가 최근 급증하고 있다. 사우디를 비롯한 중동 국가들의 신재생에너지 투자 확대로 변압기, 리액터 등의 특수장비 수요가 크게 증가하면서 수주 잔고가 173% 급증했다고 한다. 효성중공업은 2022년 상반기 신규 수주 6,900억 원 중 1,500억 원을 사우디에서 수주했다. 아프리카도 최근 인프라 투자가 늘어나면서 안정적인 전기 공급을 위한 전력망 투자가 늘어나고 있다. 효성중공업은 아프리카에서도 2,000억 원이 넘는 신규 수주를 기록했다. 미국, 유럽 등 선진국 외에도 중동, 아프리카 등 개도국에서의 전력 인프라 수요 상승이 시작되고 있다. 2023년 우리가 관련 산업에 주목해야 하는 이유이다. 물론 미국시장을 빼놓으면 안 된다. 미국의 인프라 법안과 IRA 법안은 대규모 전력 인프라 투자를 예고하는 법안이기도 하다.

전기가 생산된다고 해서 우리가 전기를 바로 사용할 수는 없다. 생산된 전기를 집이나 기업에서 사용할 수 있으려면 그에 맞는 인프라가 설치되어 있어야 한다. 화력, 원자력, 태양광 발전소 등에서 생산된 전기는 **송전→변전→배전**의 과정을 거치고 나서 가정에서 사용할 수 있다. **송전**은 생산된 전기를 케이블을 통해 보내주는 것을 의미한다. 송전탑이 바로 그 역할을 하는 것이다. 그런데 전기를 송전할 때에는 전력 손실이 발생하게 된다. 전력 손실을 최소화하기 위해서는 전압을 초고압으로 올려주어야 한다. 이를 **승압**이라고 한다. 20kV의 전기를 765kV의 초고압 전기로 바꾸어 송전을 해야 전력 손실을 최소화할 수 있다. 하지만 초고압 전기는 가정에서 사용할 수 없다. 가정에서 사용할 수 있는 전기는 한국은 220V, 미국 110V이다. 765kV의 전압을 크게 낮춰야만 사용이 가능한 것이다. 이를 **강압**이라고 한다. 이렇게 전압을 바꾸어 주는 것을 **변전**이라고 하며 이 장치를 **변압기**라고 한다. 승압에는 대형 변압기가 사용되며 강압에는 소형 변압기가 사용된다. 마지막으로 강압을 한 220V의 전기를 가정에 보내는 것이 **배전**이다.

송전, 변전, 배전 모두 중요하지만 특히 미국에는 변전에 사용되는 변압기가 매우 부족하다. 미국 배전 변압기의 70%는 설치된 지 25년이 넘었고 설치된 변압기의 평균 사용 연수는 무려 38년이라고 한다. 특히 강압을 위한 소형 변압기 교체 수요가 많기 때문에 변압기 제조 업체에게는 큰 기회가 도래한 셈이다. 국내 소형 변압기 대표 기업인 제룡전기는 미국 변압기 교체 수요 증가를 숫자로 증명해 주고 있는 기업이다. 2021년 12월부터 2022년 10월 22일까지 제룡전기는 미국에서만 무려 1,969억 원의 변압기 수주를 받았다. 연 매출 488억 원(2021년 기준)의 403%에 달하는 큰 규모의 수주를 확보한 것이다.

LNG 복합화력 발전: HSRG

신재생에너지의 최대 단점은 간헐성이다. 태양광은 밤에 전력을 생산할 수 없다. 풍력은 바람이 불지 않으면 무용지물이다. 따라서 햇볕이 쨍쨍 내리쬐고 바람이 많이 불 때 생산한 전력을 잘 저장해 놔야 한다. 24시간 가동이 불가능하기 때문이다. 하지만 저장하는 것만으로는 부족하다. 신재생에너지의 간헐성을 보완해 줄 다른 대안이 필요하다. 최근 **LNG 복합화력 발전**이 그 대안으로 떠오르고 있다. LNG 복합화력 발전은 LNG를 연료로 사용하여 가스터빈에서 1차로 발전하고 거기서 배출되는 고온의 배기가스 열을 회수하여 물에 데운 후 생성된 증기를 보일러 설비(HSRG)를 이용하여 터빈을 돌려서 전기를 생산하는 시스템이다. 쉽게 설명하면 LNG를 태워서 생성되는 유해가스를 회수하고 이 회수된 가스를 물에 데우면 증기가 나오는데 이 증기를 이용해서 터빈의 날개를 돌려 전기를 생산하는 구조이다. LNG은 화석연료이지만 석탄에 비해 이산화탄소 배출량을 67%나 줄여줄 수 있어 친환경적이다. 유럽은 LNG를 친환경에너지로 선정했다. 아직 전 세계 발전량의 40%는 석탄 발전이다. 하루 아침에 석탄 발전을 신재생에너지로 바꿀 수는 없다. 바꾼다고 해도 신재생에너지의 간헐성 문제에 봉착하게 된다.

LNG 복합화력 발전이 그래서 중요하다. 건설하는 데 2년이면 충분하다. 석탄 발전을 대체할 수 있으면서도 신재생에너지의 간헐성을 보완해 줄 수 있기 때문이다. LNG 복합화력 발전은 LNG만 있다면 꾸준히 전기를 생산할 수 있다. 다만 천연가스 가격 변동성이 커서 원재료 비용을 예측하기 어렵다는 단점은 있다. 그래도 방향은 명확하다. 사우디는 타이바 사업을 추진 중인데 이는 사우디 서부 메디나 지역에 3,600MW급 LNG 복합화력 발전소를 짓는 대규모 프로젝트이다. 1,200MW급 대형 원전 3기에 해당하는 발전 용량으로 사업 규모는 5.5조 원에 달한다. 베트남은 전력의 50%를 석탄 발전에서 생산하는데 이를 LNG 복합화력 발전으로 전환 중에 있다. 한국도 노후화된 석탄 발전소 24기를 단계적으로 LNG 복합화력 발전으로 대체할 예정이다.

LNG 복합화력 발전에서 가장 중요한 기자재는 **HSRG**이다. 이는 'Heat Recovery Steam Generator'의 약자로 고온의 배기가스 열을 회수한 후 이를 물로 데워 증기를 만든 후 이 증기를 배관을 통해 터빈으로 보내는 설비이다. LNG 복합화력 발전의 꽃이라고 할 수 있다. LNG 화력 발전은 LNG를 태울 때 발생하는 열로 터빈을 돌리고 그때 나오는 고온의 배기가스는 그냥 버리기 때문에 환경에 좋지 않다. 가스를 버려야 하기 때문에 에너지 손실도 크다. HSRG를 사용하면 고온의 배기가스를 재활용할 수 있기 때문에 환경에도 좋고 효율도 올라가 원가도 절감된다.

지난 7년간의 불황으로 HSRG 산업에는 많은 구조조정이 있었다. 살아남은 국내 기업들(SNT에너지, 강원에너지, 비에이치아이)은 중동, 동남아 등에서 불어오는 신재생에너지 전환과 전력 인프라 산업의 큰 바람을 타고 고성장기에 진입할 가능성이 높다.

LNG 밸류체인: LNG 운반선, 보냉재, 피팅, 강관

우리가 살펴볼 에너지 결핍의 마지막은 **유럽의 에너지 수요처 변화**이다. 러시아에서 생산되는 에너지에 과도하게 의존하던 유럽은 이제 러시아와 거래 끊기에 들어갔다. 유럽은 미국과 달리 화석연료가 부족하기 때문에 신재생에너지로 전력 생산 체계를 완전히 전환할 때까지 이를 보완해 줄 에너지가 필요하다. 화석연료 중 탄소 배출이 가장 적은 에너지가 바로 LNG이다. LNG는 천연가스를 영하 162도로 냉각한 것으로 천연가스와 달리 독성이 적고 무색, 무취한 청정에너지원이다. 액화 상태이기 때문에 부피가 매우 적어 수송하기 용이하다. 유럽이 사용하는 에너지의 32%는 원유, 25%는 천연가스이다. 천연가스가 없으면 유럽의 공장은 문을 닫을 수밖에 없다. 공급이 중단된 천연가스는 결국 미국, 카타르, UAE, 호주 같은 천연가스 생산국에서 공급받아야 한다. 호주는 너무 멀다. 미국, 중동에서 받는 것이 현실적이다. 다소 비싸지만 LNG 운반선을 통해 받아야 한다. 미국, 중동까지 파이프라인을 설치할 수는 없기 때문이다.

유럽의 천연가스 결핍을 해결해 줄 수 있는 천연가스 생산국은 미국, 중동이지만 이를 운송해 줄 인프라 결핍을 충족해 줄 국가는 한국과 중국이다. 중국도 LNG 운반선을 제조하지만 제조 역량은 한국에 못 미친다. 중국 공급망 배제도 장기적으로 중국에 부담이 될 것이다. **LNG 운반선의 핵심은 보냉재이다.** LNG를 영하 162도의 차가운 상태로 유지해 주는 장치로 보온병과 비슷한 구조로 되어 있다. LNG는 영하 162도를 유지해야 하기 때문에 열이 침투해서는 안 된다. 열이 침투하면 LNG가 기화되서 사라질 수 있다.

보냉재를 생산하는 한국카본, 동성화인텍은 세계 1위 보냉재 기업들이다. 특히 한국카본은 보냉재에서 가장 중요한 부품 중의 하나인 트리플렉스Triplex를 독점 공급하고 있다. 트리플렉스는 LNG선 한 척당 30억 원에 달하는 고부가 제품이다. 유리섬유 사이에 알루미늄을 넣은 구조로 되어 있는 트리플렉스는 최근 LNG 운반선 발주의 대부분을 차지하고 있는 마크III Mark III 타입에 주로 장착되는 기자재이다. 마크III 타입은 현대중공업, 삼성중공업이 제조하는 방식으로 현재 LNG 운반선 발주 시장을 장악하고 있다. NO96 타입도 있는데 이는 대우조선해양이 주도하고 있다. NO96 타입은 마크III에 비해 기화율(LNG가 기체로 변화는 비율로 기화율이 높으면 LNG가 줄어들어 LNG를 운송하는 선주 입장에서는 손해가 될 수 있다)이 높다는 단점이 있다. 마크III 기화율은 0.07%에 불과한 데 비해 NO96은 기화율이 0.1% 정도가 된다. 마크III보다 30% 정도의 가스가 유출된다고 보면 된다. 선주들 입장에서는 기화율이 낮은 마크III를 택해서 발주하는 것이 낫고 그게 최근 트렌드이기도 하다. 천연가스 생산국인 카타르는 현재 LNG 운반선을 대규모로 발주하고 있는데 기화율 0.1% 이하 조건을 요구하고 있다고 한다.

NO96 타입으로는 한계가 있다는 얘기이다. 결국 LNG 화물창 특허를 보유한 프랑스의 GTT는 NO96을 개량한 NO96 Super+를 출시했다. 기화율이 0.085%로 경쟁력을 갖춘 제품이다.

대우조선해양은 2022년 5월 2일 한국카본에 652억 원 규모의 보냉재 공급을 요청하는 계약을 체결했다. 한국카본은 주로 현대중공업과 삼성중공업하고만 거래를 했었다. 그런데 이제 대우조선해양도 한국카본의 보냉재를 채택하게 된 것이다. 천연가스 가격 급등으로 선주들이 조금이라도 기화율을 낮추고 싶어 하기 때문에 한국카본의 수주는 대우조선해양까지 확대되었고 NO96 타입을 쓰는 또 다른 기업인 중국의 후동중화조선까지도 확장될 가능성이 높아졌다. LNG 운반선 외에도 다양한 LNG 인프라 투자가

그림 5-9 **마크 III 타입과 NO96 타입 보냉재 비교**

	Mark III Flex	NO96-GW (D사 주력)
시스템 개요	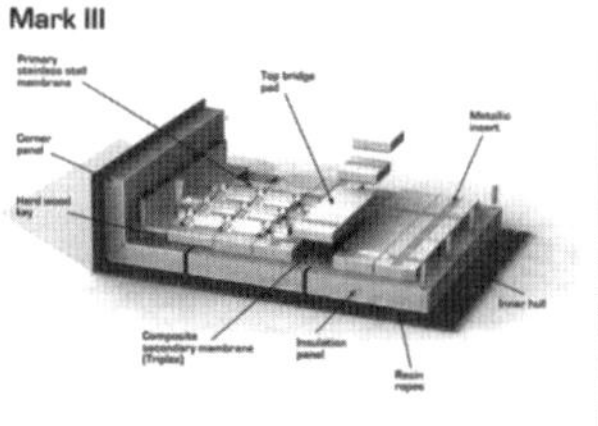	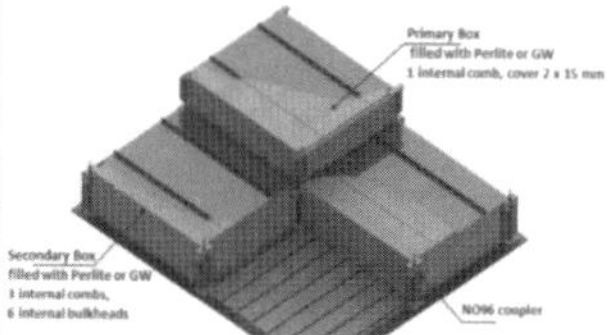
단열재 총 두께	400 mm R-PUF*	530 mm
BOR	0.085%/day	0.11%/day
장단점	경제성/단열성능 우수	경제성/2차 방벽 기밀성 우수
적용 실적	실적 다수 (삼호 : 화물창 Leak 문제 Zero)	실적 다수

자료: 하이투자증권 리서치센터

그림 5-10 **LNG 밸류체인**

자료: PARDUS ENERGY

필요하다. LNG를 기화해서 육지로 보낼 수 있는 LNG 터미널도 필요하고 이를 수송할 강관도 필요하다. 피팅도 필요하다. 관이음쇠라고도 하는 피팅은 LNG 플랜트에 필수적인 부품이다.

미국은 세계 4위 천연가스 생산국으로 현재 39개의 LNG 프로젝트를 진행 중이다. 카타르(6건), 러시아(7건), 모잠비크(2건), 인도네시아(2건), 캐나다(5건) 등 미국 외에도 세계 여러 국가에서 LNG 프로젝트가 활발히 진행되고 있다.

신재생에너지로의 전환을 위한 과도기 시대, LNG는 수많은 국가들이 원하는 에너지원이다. 2023년만이 아니라 향후 수년간 이어질 LNG 시대에 한국 LNG 관련 기업들은 주인공이 될 가능성이 높다. LNG 운반선, 피팅, 보냉재, 강관 등 한국의 LNG 인프라 경쟁력은 최고 수준이기에 앞으로도 많은 기회가 있을 것이다.

표 5-2 **에너지 결핍에 따른 투자 유망주**

기업명	투자 포인트
SK	- 미국 그린수소 생산 기업 '플러그파워', 청록수소 생산 기업 '모놀리스' 지분 인수 - 플러그파워: 글로벌 PEM 수전해 설비 시장 점유율 1위 - 미국 중서부 지역 5개 주, 32개 옥수수 에탄올 생산설비 시설에서 발생하는 CO_2를 연간 1,200만 톤까지 포집, 저장할 수 있는 CCS 프로젝트에 지분 투자
LS	- 자회사 'LS전선', 해상풍력용 케이블 생산 - 2022년 1월 3,547억 원 규모 미국 해상풍력용 케이블 공급계약 체결 - 2022년 10월 2,427억 원 규모 영국 해상풍력용 케이블 공급계약 체결 -미국 해상풍력 시장 고성장 수혜
현대일렉트릭	- 초고압 변압기, 발전기, 배전반 등 전력 인프라 대부분의 제품을 생산 - 중동 초고압 변압기 수주 확대 - 미국 알라바마 법인, 가동률 및 수주잔고 증가. 전력기기 공급 부족 지속
제룡전기	- 중소형 변압기 전문 제조 기업 - 변압기 원재료 전기강판 공급부족에 따른 변압기 판매단가 상승 - 미국, 중국산 전기강판을 사용한 변압기 비중 축소 - 미국 노후화된 변압기 교체 수요 증가
강원에너지	- 복합화력발전소 수요 증가에 따른 HRSG 수요 확대 수혜 - 원유 정제 과정에서 발생하는 황화수소에서 순도 높은 황을 회수하고 재활용하는 설비인 황회수설비 수요 증가 - 2차전지 양극재 제조에 필요한 전기히터 건조기 생산 - 자회사 '강원이솔루션', 전기차용 2차전지 수산화리튬 생산
아모그린텍	- 테슬라, 리비아 전기차에 고효율 자성부품 공급 - 고효율 자성부품: 에너지 손실을 최소화해 파워 효율을 높이는 전기차 핵심 소재. 전기차 내 온보드 차저, 인버터 등에 적용 - 전기 기관차용 ESS 사업 호조. 광산 및 상업용 철도 전기 기관차 발주 증가 - 통신 기지국용 LFP ESS 설치 수요 증가. 일본 통신사 KDDI 공급 성공 - 덴마크 풍력발전 시스템 기업 'KK Wind Solutins'에 비상전원시스템 납품
한국카본	- LNG 보냉재 제조 기업 - 현대중공업 그룹, 삼성중공업 등 LNG 운반선 수주 증가 수혜 - 선박 환경 규제 시행에 따른 LNG 연료 추진선 비중 증가 수혜
성광벤드	- 피팅(관이음쇠: 배관과 배관을 접속해주는 부품으로 배관의 방향전환을 목적으로 사용된다) 제조 업체. LNG용 피팅 비중이 높은 기업 - 북미, 카타르 등 LNG 프로젝트 관련 투자 확대 수혜 - EU, 러시아 천연가스 수입 축소 및 LNG 도입 확대 수혜

'결핍'을 채워주는 산업과 기업에 투자하자

성장 결핍
: GDP 역성장을 피하기 위한
각국의 노력에 대해

GDP = 순수출(수출-수입) + 소비 + 투자 + 정부 지출

    GDP는 모든 경제 주체가 한 나라의 영역 내에서 일정 기간 동안 생산한 모든 재화와 서비스의 부가가치의 합이다. 글로벌 경제는 매년 성장하고 있고 각 나라의 GDP도 정도의 차이가 있을 뿐 매년 성장하고 있다. 물론 GDP가 역성장을 하는 경우도 있다. 2008년 금융 위기, 2020년 코로나19 같은 경제를 위협하는 큰 사건이 발생하면 GDP는 후퇴할 수도 있다. 즉 GDP의 후퇴는 경기 침체를 의미한다. 어느 나라, 어떤 정부도 GDP 역성장을 원치 않는다. 그런 조짐을 보이면 세계 각국의 중앙은행과 정부는 돈을 풀어 GDP를 상승시키기 위해 노력한다. 2020년 3월, 코로나19로 글로벌 경제가 충격을 받았을 때 수많은 국가의 정부와 중앙은행이 막대한 돈을 푼 이유이기도 하다.

코로나19로 풀린 돈들은 소비에 집중되었다. 전염병으로 인해 밖으로 나가지 못했던 사람들은 집을 중심으로 생활하는 데 필요한 다양한 제품들을 소비했다. 정부는 재난지원금도 두 번이나 지급했다. 사람들은 가구를 사고 가전제품을 사고 PC와 노트북을 샀다. 집에서 일을 하고 여가 시간에 넷플릭스, 유튜브 같은 온라인 스트리밍을 시청했고 온라인 게임도 했다. 여행, 외식 등 서비스 분야의 지출은 급감했고 가전제품 같은 내구재(3년 이상 쓸 수 있는 재화) 지출은 급증했다. 그런데 문제가 생겼다.

재화 수요는 급증했는데 생산에 문제가 생긴 것이다. 당시 수많은 공장들이 문을 닫았고 사람들은 출근하지 못했다. 수요는 증가하는데 공급은 부족하니 재고는 급감했고 가격은 상승하기 시작했다. 코로나19 이후 2021년까지 뉴스에 가장 많이 등장한 단어는 재고 부족이었다. 물건을 만들어도 실어 나를 배가 부족했다. 그래서 기업들은 재고 확보에 총력을 기울였다. 공급 과잉은 나중에 생각할 문제였다. 기업들은 최대한의 재고를 확보하려 했고 이는 가수요를 발생시켰다. 물건값은 계속 올라갔다. 2022년, 전쟁으로 인한 에너지 가격 상승까지 더해지자 물가는 20년 만의 최고치를 경신했다. 그런데 문제는 물가만이 아니었다. 물가는 오르는데 경기는 꺾이고 있었다. 유럽은 전쟁으로 인해 에너지 수급에 문제가 생기며 전기요금이 급증했고 비용 증가로 사람들은 소비를 줄일 수밖에 없었다. 중국은 제로 코로나 정책으로 인해 반강제적으로 소비를 축소했다. 미국은 물가가 너무 오르자 0.75%씩 금리를 올리는 자이언트 스텝을 연달아 네 번 시행했고 금리는 어느덧 4%를 향해가고 있었다. 긴축 강도는 너무 거셌고 '킹달러'라고 불리는 달러의 초강세는 글로벌 자산시장을 무너뜨렸다. 사람들은 물가 상승과 금리 상승이라는 이중고에 지갑을 닫기 시작했고 결국 침체가 왔다.

그런데 2년간 지겹게 들었던 재고 부족이 어느새 사라져버렸다. 2022년 하반기 들어 뉴스가 바뀌었며 재고 급증이 신문을 도배하기 시작했다. 수요는 감소하는데 기업들의 생산은 계속 늘어나고 있었기 때문이다. 미국 2위 유통 업체 타겟Target의 재고는 43% 급증했고 월마트도 32% 증가했다. 넘쳐나는 재고를 없애기 위해 대규모 창고 대방출까지 할 정도로 재고 문제가 심각했다.

재고 문제는 유통 업체만의 문제가 아니었다. 재고 걱정할 일은 없을 거라고 생각했던 나이키도 북미 재고가 65%나 급증한 것이다. 충성도 높은 브랜드를 보유한 기업들도 예외는 아니었다. 메모리 반도체 재고 급증 문제도 심각했다. PC, 모바일 수요 부진과 더불어 서버까지 수요 부진에 시달리며 삼성전자, SK하이닉스는 역대 최고 수준인 33조 원 상당의 재고를 보유하게 되었다. 가

그림 5-11 **미국 2위 유통 업체 타겟의 매장 모습**

자료: Target

격을 20% 이상 할인해도 구매자들은 살 생각이 없었다. 수요 부진에도 메모리 반도체는 생산을 줄일 수가 없다. 24시간 계속 생산을 해야 하기 때문이다.

2020~2021년과 2022년은 명확히 달랐다. **물가는 상승했고 수요 감소, 공급 증가**가 발생하며 **재고는 증가했고 경기 침체**가 오기 시작했다. 그럼에도 고물가 상황이라 돈을 풀 수는 없었다. 중앙은행의 책무는 물가와 고용 안정이다. 고용은 안정되어 있기 때문에 Fed는 물가에만 초점을 맞췄고 그로 인해 금리는 계속 상승했다. 그럴수록 경기는 더욱 악화될 수밖에 없었다. 중앙은행과 달리 정부는 국민의 지지가 중요하기에 경기가 망가지는 것을 보고만 있

을 수는 없다. 2022년 9월 취임했던 영국의 신임 총리 리즈 트러스 Elizabeth Truss는 취임한지 얼마 안 된 상황에서 70조 원에 달하는 대규모 감세안을 발표했다(감세안에 따른 후폭풍을 이기지 못하고 50일 만에 퇴임한 비운의 총리였다). 영국은 물가 상승률이 10%에 육박하는 국가이다. 물가를 잡기 위해 영국 중앙은행도 고강도 긴축을 시행하고 있었다. 그런데 정부가 정반대의 카드를 꺼낸 것이다. '물가는 중앙은행이 잡아라, 하지만 경기 침체는 용납할 수 없다'는 것이었다. 경기가 좋지 않을 때 돈을 푸는 정책은 대부분 환영이다. 하지만 지금은 아니다. 이런 시기에는 대부분 물가부터 잡고 물가가 안정화된 이후에 금리를 낮춰 경기를 부양시킨다. 트러스 총리가 그것을 몰랐을까? 알고 있었을 것이다. 하지만 물가만 신경 쓰면 경기는 더 망가질 것이고 지지율은 추락할 수 있기에 알면서도 악수를 둔 것이다. 결국 이 모든 악수는 영국 역사상 최단임 총리라는 결과를 낳았다. GDP는 그만큼 중요한 것이다.

GDP는 순수출(수출-수입), 소비, 투자, 정부 지출로 구성된다. 수출이 늘어나고 소비가 증가하고 투자도 늘고 정부가 돈을 많이 쓰면 GDP는 증가하게 된다. 하지만 물가 급등이라는 복병이 발생하면 상황이 달라진다. 소비는 감소했고 재고가 증가하자 기업들은 투자를 줄이기 시작했다. 미국과 중국, EU와 러시아의 대립으로 인한 신냉전과 중국의 제로 코로나 정책으로 수출 증가율은 감소하기 시작했고 에너지 가격 상승으로 수입은 크게 증가했다. 경기가 안 좋다고 정부가 무한대로 돈을 지출할 수 없는 상황이다. GDP를 증가시킬 수 있는 요인이 사실 마땅히 보이지 않는다. 여러분이 한 국가를 책임지고 있는 리더라면 2023년에는 어떤 정책을 써야 할까? 이대로 가면 2023년 GDP는 감소할 것이고 리더의 지지율은 더 떨어질 수밖에 없다. 먹고사는 것은 정말 중요한 문제다. 경제 성장이 멈추면 정치도 제대로 작동할 수 없다.

창조적 파괴를 가져올 유망 기술에 주목하자

오스트리아의 경제학자 조지프 슘페터 Joseph Alois Schumpeter 는 '마차를 아무리 연결해도 기차가 될 수 없다'고 했다. 즉 낡은 기술로는 어떤 노력을 해도 새로운 세상을 만들 수 없다는 의미이다. 뛰어난 기업가가 나와서 새로운 혁신을 창조해야 세상이 바뀌고 자본주의가 발전된다는 것이다. 결국 기업가의 혁신이 기술을 발전시키고 GDP를 증가시킨다. 이를 창조적 파괴라고 부르는데 2023년이 바로 창조적 파괴가 등장할 시기가 아닌가 생각된다. 물가가 진정되고 중앙은행이 금리를 인하해 돈을 풀어서 경기를 부양시킬 수 있기까지는 상당한 시간이 필요하다. 적어도 2024년은 되어야 가능한 상황에서 2023년은 GDP 성장 결핍 상태에 빠질 수밖에 없다. 이 결핍을 채워줄 것이 바로 혁신 기술이다. 혁신을 통해 기술 개발로 새로운 수요를 창출하여 GDP를 증가시키는 것이다.

윈도우즈를 만들어 PC 시대를 열어준 마이크로소프트의 빌 게이츠Bill Gates, 애플II 컴퓨터를 만들어 PC를 대중화시키고 스마트폰으로 모바일 시대를 창조한 애플의 스티브 잡스Steve Jobs, 넷스케이프를 만들어 인터넷 사용을 가능하게 만든 마크 앤드리슨Marc Andreessen, 전기차를 대량 양산하여 자동차 동력을 바꾼 테슬라의 일론 머스크Elon Musk 등은 세상을 바꾼 기업가들이다. 그들의 혁신기술과 제품은 실제로 세상을 바꾸었고 새로운 수요를 창출했다. 애플의 아이폰은 집에서만 사용할 수 있었던 이동이 불가능했던 PC를 손 안으로 가져왔고, 테슬라의 전기차는 자동차의 동력을 내

그림 5-12 **마이크로소프트 한글 윈도우와 애플II 컴퓨터**

자료: 위키백과

연기관에서 배터리로 바꾸며 새로운 수요를 만드는 중이다.

혁신 기업가들의 창조적 파괴는 2023년에도 이어질 것이다. 투자자들은 어떤 산업이 창조적 파괴의 주인공이 될지 고민해야 한다. **기업의 주가 상승은 강력한 수요 상승에서 나온다.** 2013년 스마트폰의 대중화, 2017년 유튜브 등 데이터 수요 급증에 따른 서버 투자 확대라는 강력한 수요 창출로 반도체 기업들은 높은 주가 상승률을 기록했다. 2019년에는 5G 상용화에 따른 대규모 기지국 건설로 통신장비주들이 높은 주가 상승률을 기록했다. 장기적이고 강력한 주가 상승의 동력은 수요 증가이다. 경기 침체로 더욱 수요가 위축되고 있는 상황에서 수요가 증가하는 산업 내에 속한 기업들의 주가는 차별화될 가능성이 높다.

필자는 여기서 자율주행차를 2023년 GDP 결핍을 충족시켜 줄 산업으로 제시하려고 한다. 내연기관차에서 전기차로의 전환은 이미 시작되었고 2023년에도 지속될 것이다. 여기에 전기차를 기본으로 하는 자율주행차가 또 다른 성장을 주도할 가능성이 높다. 물론 우리가 영화에서 보던 완전 자율주행은 적어도 2027년은 되어야 상용화될 가능성이 높다. 지금은 **완전 자율주행을 가기 위한 중간 단계**의 시기라고 판단된다. 자율주행 단계는 레벨5까지 존재하는데 지금은 레벨3 단계가 막 시작된 상황이다. **레벨3는 사람이 운전석에 앉아 있지만 운전대에서 손을 놓아도 차가 스스로 운전하는 단계를 의미한다.** 물론 돌발 상황이 발생하면 운전자가 반드시 개입해야 한다. 현대차는 제네시스 G90 모델에 레벨3 수준의 자율주행 기술이 들어간 HDP 옵션을 채택했다. 고속도로에서만 가능한 기능으로 시속 60km까지 자율주행을 할 수 있다. 레벨4는 운전석에 사람이 앉아 있어야 하지만 돌발 상황 시 개입을 할 필요가 없고, 레벨5는 운전석이 사라진 완전 자율주행 단계이다. 언젠가는 레벨5 단계가 현실화될 것이다.

이제부터 자율주행을 완성하는 핵심 기술들에 대해 설명하려 한다. 각각의 기술이 어느 단계까지 와 있는지, 이후 어떻게 성장할 것인지를 살펴보며 투자 아이디어를 얻길 바란다.

AI: 인공지능

자율주행 자동차의 핵심은 AI이다. 헨리 키신저(前 미 국무장관)는 "AI(인공지능)를 주도하는 나라가 세계를 지배할 것이다. 핵무기가 아니라 인공지능이 미·중 패권전쟁의 승자가 될 것이다"라고 주장했는데 미국이 중국의 반도체 굴기를 막으려고 하는 것도 인공지능의 중요성 때문이다.

인공지능은 아직 멀게 느껴질 수 있다. 아직 눈에 잘 보이지 않기 때문이다. 하지만 이미 인공지능 세상은 열리고 있다. 2016년 펼쳐진 세기의 대국, 이세돌 9단과 구글 알파고의 대국을 기억할 것이다. 알파고는 5번의 대국에서 4번의 승리를 가져가며 이세돌 9단을 이겼다. 수많은 바둑 기보로 학습하며 진화한 알파고의 승리는 당시에 큰 충격으로 다가왔다. 지금의 인공지능은 당시보다 더 발전했다. 구글은 '알파고 제로'라는 모델을 개발했는데 바둑 규칙만 알려주고 기보는 모르는 상태에서 스스로 대국하며 쌓은 지식으로 '알파고'를 상대하여 전승을 기록했다. 최근에 개발된 '뮤제로'는 게임 규칙을 전혀 알려주지 않아도 알아서 학습하는 시스템으로 실제 사람과 비슷하다고 볼 수 있다. 점차 진화하는 인공지능 알고리즘, 고성능 인공지능 반도체, 대용량 메모리 반도체, 대규모 데이터를 처리할 수 있는 데이터 센터용 FC-BGA 기판 등의 인프라 기술로 데이터 처리 양은 40GB에서 45TB까지 1,100배 증가했다(연산 능력은 2년간 275배 증가). 여러분이 책을 읽고 있는 이 시간에도 인공지능은 진화하고 있다.

인공지능을 활용하여 개발되고 있는 제품들은 다양하다. 인공지능 스피커, 가상인간, 인공지능 기술을 활용한 신약 개발, 인간형 로봇, UAM, 자율주행차 등 다양한 AI 제품들이 개발되고 있다. **필자는 이 중에서 세상을 바꿀 수 있고 가장 큰 수요를 창출할 수 있는 분야가 자율주행차라고 생각한다.** 기술이 좋아도 시장의 크기가 작으면 세상을 바꾸는 데 한계가 있고 GDP 성장에도 기여를 하기 어렵다. 그런 면에서 자동차 시장의 변화는 글로벌 경제에 큰 영향을 줄 가능성이 높다. 일단 시장성이 매우 크다. 연간 글로벌 신차 시장은 8,000만 대 정도이다. 대당 2,000만 원이라는 판매 단가를 적용해도 1,600조 원이 넘는 시장이다. 또한 자동차 산업은 여타 산업에 미치는 영향력이 매우 크고 막대한 고용을 창출한다. 미국의 많은 주들이 자동차 공장을 건설하면 세금을 감면해 주고 보너스를 주려고 하는 이유이기도 하다. 한국자동차산업협회에서 발표한 자료에 따르면 2018년 기준 자동차 산업 직간접 고용 인원은 190만 명으로 전체 고용 시장의 7.1%에 달한다고 한다. 이렇게 고용 창출 효과가 큰 이유는 자동차에 수많은 부품이 들어가기 때문이다. 내연기관차의 부품 수는 2만 2,000여 개에 달한다. 전기차는 그보다 적다고 하지만 그래도 1만 2,000여 개의 부품이 필요하다. 자율주행차 시대가 온다고 부품 수가 줄어들지는 않는다. 사람이 운전하지 않는 것이지 자동차 자체는 변하지 않기 때문이다. 오히려 자율주행차가 대중화되면 수많은 전자 부품들이 추가로 탑재되면서 IT 기업들에게 새로운 시장이 열릴 수 있다.

자율주행차는 꽤 오래전부터 개발되었다. 구글의 웨이모는 2009년 무인자동차 시대를 목표로 설립되었고 2016년 세계에서 처음으로 자율주행차 시범 운행을 시작했다. 그로부터 약 7년간 총 300만 마일(약1,100만km)를 시험 주행했고 지금도 수많은 데이터를 쌓아나가고 있다. 2021년 11월 중국의 인터넷 기업 바이두는 로보 택시 '아폴로' 서비스를 중국 북경에서 출시했다. 누적 주행 거리 2,100만km라는 막대한 데이터를 확보한 상태다. 미국의 GM

에서 개발한 '크루즈'는 500만km의 자율주행 데이터를 가지고 있다. 테슬라는 'FSD'라는 자율주행 프로그램을 개발하여 고속도로 자율주행 기술을 상용화했고 고속도로보다 훨씬 난이도가 높은 도심용 자율주행 소프트웨어 'FSD 베타'를 개발하여 상용화할 예정이다. 한국의 현대차는 2.4조 원을 투자해 2020년 미국의 자율주행 기업 앱티브와 합작사 '모셔널'을 설립했다. 모셔널은 미국 라스베가스에서 시범 운행을 하고 있고 레벨4 수준의 자율주행 기술을 개발 중에 있다. 현대차는 또한 국산 자율주행 스타트업 '포티투닷'을 4,200억 원에 인수했는데 포티투닷은 레벨4 수준의 자율주행 기술을 보유하고 있다.

많은 기업들이 속속 자율주행 시장에 뛰어들고 있는 상황에서 역시 가장 주목을 받고 있는 기업은 테슬라이다. 2022년 9월 30일 개최된 AI데이에서 테슬라는 인간형 로봇 '옵티머스'를 공개하며 큰 주목을 받았다. 옵티머스는 인간과 비슷한 형태를 띈 로봇이다. 자율주행 차량 기반의 소프트웨어 시스템을 장착해 로봇 스스로가 물건을 집고 화분에 물을 줄 수 있는 기능을 선보였다. 옵티머스, FSD의 핵심은 AI이다. AI는 스스로 학습하고 진화하여 최종 의사결정을 스스로 내리는 기술이다. 그리고 이런 AI를 가능하게 하기 위해서는 방대한 양의 실시간 데이터와 이 데이터를 처리할 수 있는 슈퍼컴퓨터가 필요하다.

그래서 테슬라는 슈퍼컴퓨터 '도조Dojo'를 개발했다. 이 컴퓨터

그림 5-13 **테슬라의 슈퍼컴퓨터 '도조'**

자료: CVPR 유튜브

에는 1만 4,000여 개의 GPU가 탑재되어 있는데 매일 50만 개의 비디오 데이터를 학습하고 있다고 한다. 수집한 데이터를 인공지능이 학습할 수 있게 데이터 가공을 해야 하는데 이를 '오토 라벨링Auto Labeling'이라고 한다. 테슬라는 오토 라벨링된 데이터를 도조 컴퓨터에 보내고, 도조 컴퓨터는 이 데이터를 이용해 엄청난 양의 학습을 하고 있다. 도심의 교차로 한 곳을 지나가기 위해서 천만 번 이상의 학습을 하는 것으로 알려져 있다.

인지 기술: 카메라, 레이다, 라이다

테슬라의 자율주행 시스템이 다른 자동차 기업들과 다소 다르다는 점도 주목해 볼 만하다. 자율주행 자동차는 '인지-판단-제어'의 순서로 동작하게 되는데 인지는 사람의 눈의 역할을 하며 정보를 받아들이는 것이고, 판단은 사람의 두뇌 역할을 하는 인공지능의 영역이다. 판단을 내린 후에는 실제 자동차를 움직여 제어를 하게 된다. 인공지능과 더불어 가장 중요한 것이 '인지'이다. 자동차의 전후방 상황을 정확하게 인지해야 정확한 판단을 내릴 수 있기 때문이다. 인지를 담당하는 부품은 세 가지 정도가 있는데 바로 카메라, 레이다, 라이다이다. 라이다LiDAR는 레이저를 발사해서 그 빛이 물체에 반사되어 돌아오는 시간을 계산하여 거리를 측정하고 물체를 인식하는 센서이다. 주행 중인 차량과의 간격을 인식해 자동으로 속도를 조절하는 ACCAdaptive Cruise Control 시스템에 이미 적용되어 있는 기술로 자율주행차의 핵심 센서로 떠오르고 있다. 다만 가격이 비싸다. 선두 업체인 벨로다인의 제품은 최소 가격이 4,000달러에 달하고 일부 제품은 1만 달러를 넘고 있다. 테슬라는 원가에 매우 민감한 기업이다. 그래서 테슬라의 FSD는 카메라만 가지고 자율주행 기술을 구현한다.

안정성면에서는 라이다를 탑재하는 것이 더 낫다는 게 중론이다. 라이다를 탑재하는 이유는 운전자를 대신하여 센서로부터 감지된 데이터로 정확성을 높일 수 있기 때문이다. 카메라와 레이다만으로 파악하기 어려운 중·장거리 주변 상황, 기상 악화, 야간의 실시간 도로 상황 등의 3차원 데이터를 라이다는 비교적 정확하게 제공한다. 이처럼 더 안전해질 수 있지만 테슬라는 원가 절감을 위해 과감하게 라이다를 뺐고, 대신 카메라 8대를 가지고 외부를 다각도로 촬영·합성하여 인지한 데이터를 슈퍼컴퓨터 도조가 해석하여 판단을 내리고 있다. 카메라만으로 자율주행을 구현하기에 원가 절감에 탁월하다. 향후 테슬라의 카메라는 15개까지 늘어날 것이라고 한다. 반면 현대차는 라이다, 레이다, 카메라를 모두 조합한 자율주행 자동차를 개발하고 있다.

IT 기술과 인공지능 소프트웨어의 발전으로 사람이 운전하지 않고 컴퓨터가 스스로 운전하는 자율주행 모빌리티 시대가 눈앞에 성큼 다가왔다. 자율주행 기술은 인간의 물리적·정신적 한계를 뛰어넘어 안전성과 신뢰성을 높이고 사고율을 줄여준다. 그로 인해 사회적 비용은 감소하고 기업들 역시 낮아진 비용으로 더 많은 이익을 창출할 수 있다. 테슬라의 일론 머스크는 AI 데이에서 이렇게 말했다.

"경제란 무엇인가? 경제는 1인당 생산력과 시간의 함수이고 만약에 로봇으로 인해 무한한 생산력이 가능해진다면 인당 생산성에 한계가 없어지게 될 것이다. 이게 현실이 된다면 가난이 없는 풍요의 시대가 열리게 될 것이다. 더 이상 빈곤은 없고 최소한의 제품과 서비스 모든 것을 가질 수 있는 세상이 열리게 된다. 문명의 근본적인 변화가 이뤄질 것이다."

머스크는 인공지능 기술이 적용된 자율주행 자동차와 로봇으로 창조적 파괴가 발생해 인류 문명이 바뀔 수도 있다고 언급한 것이다. 고령화와 노동력 부족으로 인한 생산성 결핍, 인건비 증가로 인한 기업들의 이익률 결핍, 경기 침체로 인한 GDP 결핍을 해결할 가장 최적의 기술은 자율주행이고 그 안에서도 가장 시장 규모가 큰 자율주행차가 창조적 파괴의 주인공이 될 가능성이 높다.

우리나라 정부는 2022년 9월 19일 '**모빌리티 혁신 로드맵**'을 발표했다. 2019년 기준 40분대인 전국 평균 출퇴근 시간을 2035년 20분대로 줄이겠다는 계획이다. 자율주행차를 이용한 모빌리티 혁신으로 사회적 지출을 크게 줄이겠다는 계산이다. 2022년까지 레벨3 수준의 승용차를 세계에서 세 번째로 출시하고 2025년에는 레벨4 수준의 버스를 출시한다. 2027년에는 레벨4 수준의 승용차를 출시하고 완전 자율주행차를 상용화할 계획이다. 2030년까지 전국 도로 약 11만km에 완전 자율주행차를 지원할 수 있는 실시간 통신 인프라도 구축하고 전국 단위 정밀도로 지도도 구축하기로 했다. 자율주행차 산업에 정부도 적극적이다. 기업들의 투자를 적극적으로 유도하여 민간 기업들의 투자를 증가시키고 새로운 수요를 창출해 GDP를 성장시키기 위한 정부의 지원 사격이 시작된 것이다.

이제 결론으로 가보자. 자율주행차 산업의 성장은 확실해 보인다. 그렇다면 우리는 어디에 투자해야 할까? AI 부문은 확실히 한국이 약하다. 네이버가 열심히 AI 사업을 하고 있지만 기업 가치와 주가에 영향을 미칠 수 있을 만큼의 비중을 차지하지는 않는다. 대신 한국 기업들은 자율주행 자동차에 필요한 부품 분야에서 절대 강자들이 많다. 한국 기업들이 잘하는 분야에서 경쟁력 있는 기업들을 잘 선별해서 투자해야 한다. **바로 반도체 소켓, 차량용 디스플레이, FC-BGA 기판, MLCC, 카메라, 전력반도체, FPCB 등이다.**

반도체 소켓

반도체 소켓은 완성된 반도체를 마지막으로 테스트(검사)하는 부품을 의미한다. 칩에 맞게 설계된 테스트 소켓에 반도체를 올려놓고 반도체가 정상적으로 작동하는지를 검사한다.

반도체의 종류가 늘어날수록 테스트 소켓의 종류도 늘어나게 되는데 고성능 PC, 스마트폰, 자동차, 5G, 사물인터넷 등 수요처가 다양해지면서 소켓 시장이 날로 커지고 있다. 그중에서도 자동차용 시장의 고성장이 눈에 띄는데 차량이 전장화되고 전기차 침투

그림 5-14 **반도체 테스트 소켓**

자료: ISC

율이 증가하면서 테스트 소켓 수요도 크게 증가하고 있다. 차량용 반도체 시장은 2021년 1,571억 달러에서 2026년 2,776억 달러로 연평균 13.1% 이상 성장할 것으로 전망되고 있다. 자율주행차 시대가 열리면서 차량용 반도체 시장도 점차 고도화되고 있다. 자율주행차에서 데이터를 처리하는 판단 역할을 하는 AI의 기능을 강화하기 위해서는 고성능 컴퓨터(HPC)가 필요하다. HPC에는 그에 맞는 고성능 칩도 필요하고 FC-BGA라고 불리는 기판도 필요하다. FC-BGA는 반도체를 필요한 곳에 장착하기 위한 기판의 종류 중 하나로 서버, 자동차 등에 사용되는 패키지 기판이다. 자율주행차는 최소 8개 이상의 카메라가 장착된다. 카메라를 효율적으로 제어하기 위해서는 역시 그에 맞는 칩과 기판이 필요하다. 테슬라는 자율주행칩을 자체적으로 제조하고 있는데 FSD 전용칩은 삼성전자의 14나노 파운드리 공정으로 생산되며 2,116개의 솔더볼(반도체와 기판을 연결하기 위한 공같이 생긴 매우 작은 부품으로 솔더볼 개수가 늘어날수록 테스트 소켓에 장착된 핀의 개수는 증가하게 된다)이 부착된 FC-BGA 기판을 사용한다. 스마트폰의 두뇌 역할을 하는 AP칩의 솔더볼 개수는 1,200개 정도인데 자율주행차에 탑재되는 칩의 솔더볼 개수는 2,000개가 넘는다. 자율주행차 수요가 늘어날수록 증가하는 솔더볼 개수에 대응할 수 있는 테스트 소켓이 많이 필요하다. 고성능 차량용 칩, FC-BGA 패키지 기판, 차량용 카메라 칩, 센서용 칩 등 앞으로 출시될 자동차에는 많은 반도체가 장착되어 나올 것이고 종류도 다양할 것이다. 때문에 테스트 소켓 시장의 수요 성장은 명확하다. 테스트 소켓 산업에 투자해야 하는 이유이기도 하다.

차량용 디스플레이

차량용 디스플레이 시장도 고성장이 예상된다. 자율주행차는 사람이 운전대에서 손을 놓고 운전을 자동차에게 맡기는 것이다. 손이 자유로워지면 행동의 제약은 사라진다. 눈도 자유로워질 수 있다. 그러면 기존의 자동차 계기판, 네비게이션이 이제 영화관처럼 바뀔 수도 있다. 때문에 차량용 디스플레이의 역할 역시 중요해질 수밖에 없다. 차량용 인포테인먼트 세계 1위 기업인 LG전자는 2022년형 벤츠 프리미엄 전기차 EQS 모델에 인포테인먼트 시스템을 공급했다. 자동차에 탑재된 디스플레이는 보통 운전석 계기판, 중앙에 위치한 네비게이션 등 2개가 탑재되는데 벤츠 EQS에는 3개의 디스플레이가 탑재되어 있다. 사실 3개의 디스플레이가 하나로 합쳐졌다고 보는 것이 맞을 것이다.

그림 5-15 **벤츠 EQS 인포테인먼트**

자료: 벤츠

이는 계기판, 중앙정보 디스플레이(CID), 보조석 디스플레이(CDD) 3개 화면이 하나로 통합된 형태인데 보조석까지 디스플레이가 있어서 탑승자의 편의를 높여주었다. 차량용 디스플레이 시장은 아직 스마트폰, TV 시장만큼 큰 규모는 아니지만 중국 경쟁사의 물량 공세로 인한 패널 가격 하락과 전방 산업의 수요 침체로 부진했던 디스플레이 업계에는 가뭄의 단비가 될 수 있다. 새로운 디스플레이 시장이 열리고 있는 것이다. 2개의 디스플레이에서

3개로, 화면의 크기도 매우 큰 형태로 진화하고 있다는 점도 긍정적이다. 2022년 5월에는 카지노용 모니터를 만드는 '토비스'가 시설투자 공시를 냈다. 투자 목적은 '**국내 전장용 디스플레이 모듈 생산을 위한 신규 공장 건설**'이다. 차량용 디스플레이 시장의 성장을 예상하고 선제적으로 투자를 단행한 것이라 생각한다. 기업들은 수요가 없는 산업에 투자하지 않는다. 그리고 우리는 공시를 통해서 기업들이 어떤 생각을 하고 있는지 알 수 있다.

FC-BGA

서버, 자동차에 사용되는 대형 패키지 기판인 FC-BGA(플립칩 볼 그리드 어레이)에도 기업들의 신규 투자가 매우 활발하다. 메모리용 패키지 기판을 주로 제조하는 대덕전자는 2020년 7월부터 2022년 4월까지 4건의 시설투자 공시를 냈다. 총 규모는 5,400억 원으로 자기자본 6,800억 원의 무려 79%에 달하는 금액이다. 그만큼 대덕전자가 FC-BGA에 사업 역량을 집중하고 있는 모습이다. 스마트폰용 고다층기판(HDI) 제조사인 코리아써키트는 2021년 11월 23일 2,000억 원(자기자본의 35.3% 규모)의 FC-BGA 생산을 위한 신규 시설투자를 단행했다. 삼성전기는 FC-BGA 투자를 위해 2022년 4월 1일, 삼성전기 베트남 법인에 1.3조 원 규모의 금전대여를 했

그림 5-16 **대덕전자가 양산 중인 FC-BGA**

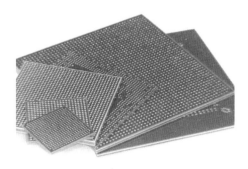

자료: 대덕전자

다. LG이노텍은 2022년 2월 22일 4,130억 원(자기자본의 17% 규모)의 FC-BGA 투자를 단행했다.

FC-BGA는 **반도체 칩과 기판을 돌기처럼 동그란 형태의 '범프(솔더볼)'로 연결한 반도체 패키지 기판이다.** 반도체는 기판에 와이어라는 선을 이용해서 부착하는데 FC-BGA는 와이어 방식과 달리 칩을 뒤집어서 연결하는 방식이라고 해서 FC(플립칩)이라고 부른다. 전기와 열적 특성을 향상시킨 FC-BGA는 기판 가운데 가장 제조가 어려운 고집적 패키지 기판으로 HPC(고성능 PC), 서버, 자동차 등에 사용되는 비메모리 반도체 필수 기판이다. 2021년 전체 반도체 패키지 기판 시장은 39% 성장했는데 **서버 +58%, 자동차 +47%, PC +44% 등 3개의 주요 제품이 성장을 이끌었다.** 향후 성장성이 가장 큰 시장은 서버와 자동차다. 특히 서버와 자동차에는 FC-BGA가 필수적으로 탑재되고 있기 때문에 긍정적이다. 자동차는 아니지만 서버용 CPU인 인텔의 '사파이어 래피즈'가 2023년 드디어 출시된다. 사파이어 래피즈는 4개의 SoC를 연결한 것으로 CPU의 대면적화를 이끌 제품이다. CPU의 대면적화는 FC-BGA의 단가 상승을 촉발시킬 가능성이 높다.

전장 카메라

자동차용 카메라 시장의 성장에도 주목해야 한다. 어느 순간부터 카메라가 장착되지 않은 자동차를 상상하기 어려워졌다. 최소 1, 2개의 카메라가 기본으로 장착되어 있는데 앞서 말한 것처럼 테슬라의 자율주행차에는 8개의 카메라가 장착된다.

한국의 스마트폰 카메라 밸류체인은 글로벌 NO.1이다. 삼성전기, 파트론, 엠씨넥스 등은 삼성전자와 중국 스마트폰 기업들에게 카메라 모듈을 공급 중이고 LG이노텍은 애플의 최고사양 아이폰에 탑재되는 카메라를 거의 독점 납품하는 기업이다. 하지만 2022년 카메라 모듈 업체들의 주가는 부진했다. 스마트폰 수요 둔화로 성장에 비상등이 켜졌기 때문이다. 이미 스마트폰은 대중화되어 있어서 더 이상 스마트폰 카메라 사업에서 고성장을 기대하기는 어렵다. 애플의 아이폰도 수요 둔화 타격을 받았다. 카메라 모듈 제조사들의 2023년 주가 상승이 스마트폰보다는 자동차 시장의 성장 여부에 달려 있다고 생각하는 이유이다. 자동차용 카메라(전장 카메라) 시장은 자율주행차 시장의 성장에 힘입어 2025년까지 연평균 33% 이상의 고성장이 전망된다.

전장 카메라는 자율주행의 고도화에 따라 화소 수가 높아지고 다양한 기능이 첨가된 카메라 탑재량이 늘어나면서 대당 단가가 크게 상승할 것으로 예상된다. 현재 전장 카메라는 대당 30~35달러 정도의 가격을 형성하고 있는데 2025년에는 45달러까지 상승할 것으로 보인다. 스마트폰용 카메라의 대당 단가가 8~10달러인 점을 감안하면 P(가격)의 상승이 명확하다.

전장 카메라가 이렇게 비싼 이유는 스마트폰에 탑재되는 카메라와 달리 **센싱 카메라**가 탑재되어 있기 때문이다. 운전자에게 주변의 시야를 보여주는 뷰잉 카메라와 달리 센싱 카메라는 차량 주변의 상황을 알려주는 부품이다. 전방충돌방지보조(FCA: 감지 센서를 통해 차량 전방의 장애물을 인식하는 기능), 자동긴급제동장치(AEB: 주행 중 차량이나 사람, 물체 등과 충돌할 위험이 있는 경우 자동으로 차량의 브레이크를 잡아 사고를 방지), 후방주차 충돌방지 보조(PCA: 후진 중 후방 보행자 또는 물체와 충돌 위험이 감지되면 경고를 하고, 경고 후에도 충돌 위험이 높아지면 자동으로 주행을 제한시키는 장치) 등 자율주행 보조 기술에 적용되기 때문에 고도의 기술력이 요구되고 단가 역시 비싸다.

P(가격)의 상승과 더불어 Q(물량)의 상승도 기대된다. 레벨2 기술을 갖춘 자동차에는 평균 7대의 카메라가 장착되는데 레벨3 이

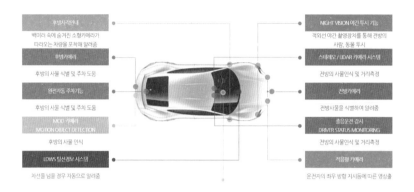

그림 5-17 **차량용 카메라의 다양한 기능들**

후방사각안내
백미러 속에 숨겨진 소형카메라가
따라오는 차량을 포착해 알려줌

후방카메라
후방의 사물 식별 및 주차 도움

완전자동 주차기능
후방의 사물 식별 및 주차 도움

MOD 카메라
MOTION OBJECT DETECTION
후방의 사물 인식

LDWS 틸선경보 시스템
차선을 넘을 경우 자동으로 알려줌

NIGHT VISION 야간 투시 기능
적외선 야간 촬영장치를 통해 전방의
사람, 동물 투시

스테레오 / LiDAR 카메라 시스템
전방의 사물인식 및 거리측정

전방카메라
전방사물을 식별하여 알려줌

졸음운전 감시
DRIVER STATUS MONITORING
전방의 사물인식 및 거리측정

적응형 카메라
운전자의 좌우 방향 지시등에 따른 영상출

자료: 엠씨넥스

상에서는 최소 12개, 레벨 5에서는 최소 15개 이상이 탑재될 것으로 전망된다. 차량의 전방, 후방, 측면, 실내까지 모든 곳에 카메라가 설치되어 있어야 안전한 자율주행이 가능할 수 있기 때문에 Q의 성장 역시 명확하다. 2022년 부진했던 카메라 모듈 기업들의 주가는 2023년에는 다른 모습을 보일 것이다. 카메라 모듈 관련 기업 주가가 같이 상승하는 그림보다는 전장 카메라 고객사를 다수 확보하고 수주를 늘려가는 기업들 중심으로만 추세적 상승이 나올 가능성이 높다. 자동차용 카메라 시장에서 진짜 실력을 보여줄 기업을 우리는 계속 찾아야 한다.

자동차용 카메라 관련 제조 기업으로는 삼성전기, LG이노텍, 엠씨넥스, 파트론, 세코닉스 등이 있다. 자동차용 카메라 제조에 필요한 장비를 만드는 기업으로는 퓨런티어가 있다. 퓨런티어는 삼성전기, 엠씨넥스, 세코닉스 등에 관련 장비를 납품하고 있다. 또한 라이다 센서를 제조하기 위한 액티브 얼라인Acitive Align 장비도 국내 제조 업체인 에스오에스랩이 공급 중에 있다. 라이다는 카메라 제조 공정보다 2배 많은 공정이 적용되기 때문에 더 많은 장비가 필요하다.

전력반도체

자율주행차는 전기차를 기반으로 한다. 전력 소모량이 일반 차량에 비해 많기 때문에 전기를 동력으로 하는 전기차가 유리하기 때문이다. 전기차는 배터리를 동력으로 모터를 구동하는데 배터리는 직류이고 모터는 교류 전기를 사용한다. 그래서 배터리의 직류 전기를 교류로 바꿔주는 인버터가 반드시 필요하다. 또한 자동차 내에 있는 다양한 전장 부품을 사용하기 위해서도 인버터가 필요하다. 배터리는 고高전압인데 전장 부품에 사용되는 전력은 저低전압을 사용하기 때문이다. 전기차에는 OBCOn Board Charger도 탑재된다. 전기차는 외부에서 공급되는 교류 전기를 OBC를 통해 직류 전기로 바꾸어 충전된다. 인버터 과정에서 중요한 기능을 해주는 부품이 바로 전력반도체이다.

전력반도체에는 실리콘Si 소재가 주로 쓰이지만 전기차에는 다

그림 5-18 **전력반도체의 역할**

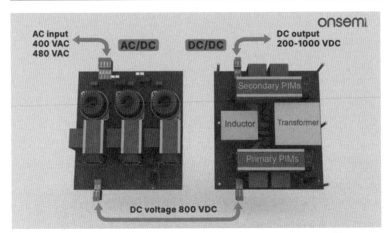

른 소재가 필요하다. **전기차 배터리는 고전압이기 때문에 고전압에 적합한 SiC**(실리콘과 탄소의 결합) **소재가 전력반도체에 유리하다.** 테슬라는 2018년 모델3의 인버터에 SiC 전력반도체를 적용하기 시작했는데 효율은 10배 증가하고, 부피는 43%나 감소하고, 무게는 6kg 감소하는 효과를 보았다고 한다. 고전압에 강한 특성만이 아니라 전기차의 부피와 무게까지 감소시켜주는 역할을 한 것이다.

GaN(질화갈륨) 소재를 사용한 전력반도체도 주목해야 한다. **GaN 전력반도체는 밴드갭**(에너지와 에너지 사이의 빈공간)**이 넓고 고온에서 안정성을 갖고 있는 데다가 저온에서 저항 특성을 갖고 있어 전력 손실을 최소화할 수 있는 장점을 보유하고 있다.** Si 반도체에 비해 전력을 75%나 덜 소모하는 것으로 알려져 있다. 고주파에 강한 특성 때문에 5G 기지국, 방산용 레이더 등에 주로 사용되고 있는데 향후에는 전기차의 고속충전용 인버터, 라이다 센서 등에 사용될 것으로 전망된다.

전력반도체 밸류체인은 대부분 외국계 반도체 기업들이 장악하고 있다. SiC 웨이퍼 세계 1위 기업인 미국의 울프스피드 Wolfspeed(Wolf-US)는 2022년 9월 미국 노스캐롤라이나주 채텀 카운티Chatham County에 50억 달러 규모의 신규 공장 건설을 발표했다. 자동차용 전력반도체 수요 증가에 대비해 증설을 단행한 것이다. 울프스피드는 글로벌 SiC 생산의 60% 이상을 점유하고 있다. 미국의 반도체 기업인 온세미컨덕터On Semiconductor(ON-US)는 전력반도체 분야 글로벌 2위 기업으로 주요 전기차 기업에 트랙션 인버터를 공급하고 있다. 트랙션 인버터는 배터리에서 나오는 고전압 직류 전기를 교류로 전환해 모터에 공급하는 전기차 핵심 부품 중의 하나인데 테슬라가 이 프로젝트에 적극적인 관심을 표하며 투자 의사를 밝힌 것으로 알려져 있다. 온세미컨덕터는 또한 차량용 카메라에 들어가는 이미지 센서 1위 기업으로도 유명하다. 글로벌 시장 점유율이 57.8%에 달한다.

국내에서는 SK가 가장 적극적이다. SK의 비상장 자회사 SK실트론은 2019년에 미국 듀퐁사의 SiC 사업부를 인수했다. 현재 SiC 웨이퍼 점유율 4위를 차지하고 있고 2025년까지 글로벌 2위를 목표로 하고 있다. SK는 2022년 5월 국내 SiC 전력반도체 대표 기업인 에스파워테크닉스의 지분 94.8%를 인수하는 투자도 단행했다. 에스파워테크닉스는 2022년 9월, GaN 전력반도체 사업을 하고 있는 통신장비 기업인 RFHIC와 JV(조인트벤처) 설립을 위한 MOU(양해각서)를 체결했는데 RFHIC는 세계 최초로 GaN 소재 트랜지스터를 이용한 통신용 전력증폭기를 상용화한 기업으로 글로벌 주요 통신장비 기업에 GaN 제품을 공급하고 있다. RFHIC와 에스파워테크닉스의 협력으로 SK는 SiC, GaN 전력반도체 모두에서 사업 전개를 할 수 있는 유리한 위치를 차지했다.

에이프로와 아모그린텍도 주목할 만하다. 에이프로는 전기차 배터리 제조 장비를 만드는 기업으로 자회사 에이프로세미콘을 통해 전력반도체 사업을 진행하고 있다. 2020년부터 한국광기술원과 기술 개발 협력을 통해 8인치 GaN 웨이퍼 생산부터 칩 설계 기술을 확보했다. DB하이텍과 GaN 파운드리 공정 기술 개발을 위한 MOU도 체결했다. 아모그린텍은 전력반도체 기업은 아니지만 전기차용 부품을 만들고 있어 주목할 필요가 있다. 아모그린텍은 고효율 자성소재를 세계에서 세 번째로 자체 개발에 성공한 기업이다. 고효율 자성소재는 에너지 손실을 최소화하는 소재로 전기차 충전 시 필요한 OBC(배터리 충전을 위해 외부의 교류 전원을 직류로 변환해 주는 장치)와 모터에 필요한 인버터에 사용되고 있다. 주로 테슬라에 납품하고 있으며 점유율은 40% 수준으로 추정된다.

FPCB

차량용 FPCB 시장도 지각 변동이 예상된다. 현재 자동차 내 많은 전장 부품은 와이어링 하네스로 연결되어 있다. 와이어링 하네스는 전장 부품이 작동할 수 있도록 전원을 공급하고 전기 신호를 전달해 주는 전선 뭉치이다. 일종의 자동차 신경망이라고 생각하면 된다. 와이어링 하네스의 성장은 전장 부품시장의 성장과 맞물려 당연한 것으로 여겨졌지만 최근 변화가 생기기 시작했다. FPCB가 와이어링 하네스를 대체하기 시작한 것이다. 스마트폰에 주로 사용되는 FPCB는 가볍다는 장점 때문에 향후 자동차에 많이 탑재될 것으로 예상된다. 전기차 한 대당 1,500~2,000개의 전선이 들어가는데 전선들을 연결하면 한 대당 50kg의 무게가 된다고 한다. 전기차는 배터리로 인해 차가 무겁다. 따라서 가벼운 부품을 써야 주행거리가 늘어날 수 있다. 와이어링 하네스 대신 FPCB를 사용하면 차량 무게를 20% 정도 줄일 수 있다. 부피도 줄어들기에 공간을 효율적으로 사용할 수 있다는 장점도 있다. 와이어링 하네스는 전선 종류, 길이가 달라 규격화가 어렵고 인건비도 많이 들어가는 부품이다. FPCB는 규격화되어 있고 생산성도 높은 데다가 공정도 자동화되어 있어 제조 원가에서 유리하다. 배터리, 방열시트, 디스플레이, 카메라 등 전장 부품을 연결하는 신경망이 전선에서 FPCB로 대체되고 있고 관련 기업들의 성장도 더욱 기대된다.

그림 5-19 **FPCB**

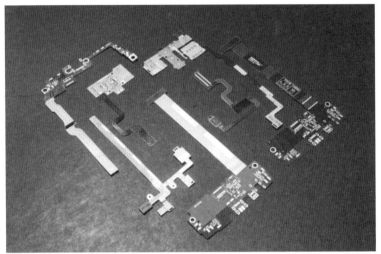

자료: 뉴프렉스

　차량용 FPCB 주요 공급 업체로는 비에이치와 뉴프렉스가 있다. 비에이치는 애플 아이폰용 고사양 OLED 디스플레이에 탑재되는 FPCB 독점 기업이다. 자동차 배터리 BMS용 FPCB 선두 기업으로 국내 배터리 3사에 모두 공급하고 있다. 뉴프렉스는 카메라 모듈에 들어가는 FPCB 제조사로 삼성전자 스마트폰에 주로 공급하고 있다. VR 기기에 들어가는 FPCB도 제조하고 있는데 중국의 써니옵티컬을 통해 메타(과거 페이스북)의 VR기기 '퀘스트'에 FPCB를 납품하고 있다. 전기차용 배터리 BMS에 공급하는 FPCB도 주요 고객사로부터 수주를 받은 상황으로 알려져 있다.

　투자자들에게 자동차의 미래를 그리게 하면 대부분 전기차를 먼저 생각하고 그다음 배터리를 그리는 경우가 많다. 물론 배터리는 향후 자동차 시장을 이끌 핵심 부품임에는 틀림없다. 하지만 배터리를 제외한 전장 부품시장 규모도 커지고 있다는 점에 주목해야 한다. 2023년부터는 배터리를 제외한 전장 부품시장의 비중이 53.6%로 전기차 배터리시장 규모를 추월할 것으로 전망된다. **특히 ADAS, 차량용 인포테인먼트, 레벨3 자율주행시장이 본격적으로 열리면서 배터리를 제외한 전장 부품 기업들의 매출과 이익 성장이 가시화될 가능성이 높다.** 자동차는 연간 8,000만 대의 시장이고 스마트폰은 연간 13억 대의 시장으로 개수로는 비교가 안되지만 대당 단가가 비싸고 신규 수요가 창출될 수 있기에 국내 IT 기업들에게는 매우 중요한, 절대 놓칠 수 없는 시장이다. 안전이 중요하기 때문에 한 번 납품을 하기 시작하면 진입장벽이 생겨 장기간 안정적으로 매출을 유지할 수 있다는 장점도 있다. 반면 스마트폰시장은 기술 변화도 매우 빠르고 부품사간 경쟁도 매우 치열해 진입장벽이 낮다. 4년간 이어진 스마트폰시장의 역성장도 부담이다. 스마트폰이라는 전방산업의 성장이 나오기 어려운 상황에서 관련 비중이 높은 IT 부품 기업들에게 높은 PER을 부여할 수는 없다. IT 부품사들이 전기차, 자율주행차 밸류체인에 진입하려는 이유는 명확하다. 성장이 나오기 시작했고 그 성장이 이제 초기 단계라는 점이다. 2023년, 투자자들이 전장 부품 기업에 주목해야 하는 이유이기도 하다.

표 5-3 **성장 결핍에 따른 투자 유망주**

기업명	투자 포인트
ISC	- 메모리, 비메모리용 러버 테스트 소켓 제조 - 서버, 자동차 등 FC-BGA 수요 증가에 따른 테스트 소켓 매출 호조 - 테스트용 소켓 부품 포고핀 생산 기업 '프로웰' 인수
삼성전기	- 테슬라에 전장용 카메라 공급 - 전장용 MLCC, FC-BGA 수요 확대 수혜 - 2023년 중국 스마트폰 시장 회복 기대
대덕전자	- 비메모리용 FC-BGA 대규모 투자 - 전장용, 서버용 FC-BGA 수요 확대 수혜
아모텍	- 전장용 MLCC 생산 시작 및 고객사 확대 - 전장용 모터, 안테나 매출 성장 - 중국 전기차 BMS용 MLCC, 미국 전기차 카메라용 MLCC 공급
퓨런티어	- 전장용 카메라 장비 Active Align 제조 - Active Align: 렌즈와 이미지 센서 간의 간격을 측정해 최적 조립 상태를 계산하여 카메라의 해상력을 최적화 - 센싱 카메라용 검사장비 Intrinsic Calibration 제조 - 자율주행 센서 평가 플랫폼 'FASTTM' 서비스 제공
토비스	- 카지노용 모니터 및 전장용 LCD 모듈 생산 - 북미 카지노 시장 회복 수혜 - LG디스플레이 전장용 디스플레이 생산 확대 수혜 - 2차전지 특수필름 제조사 '세일하이텍' 지분 인수
비에이치	- 애플 아이폰 14 프로, 프로맥스 모델 FPCB 공급 중 - LG전자 차량용 무선충전 사업부 인수 - 전기차용 BMS 케이블 고객사 및 매출 확대
뉴프렉스	- 스마트폰용 카메라 모듈용 FPCB, 주요 경쟁사 철수에 따른 수혜 - 메타 VR기기 '오큘러스'에 FPCB 공급 중 - 전기차 10여 종 물량의 BMS용 FPCB 공급
SK	- SiC 전력반도체 제조사 '예스파워테크닉스' 지분 인수 - RFHIC와 GaN 소재 전력반도체 합작회사 설립
에이프로	- 2차전지 활성화 장비 제조 - 자회사 '에이프로세미콘', 한국광기술원과 기술 개발 협력 통해 GaN 소재의 전력반도체 웨이퍼 및 설계 기술 확보 - 배터리를 재활용할지, 재사용할지 결정할 수 있는 배터리 진단 프로세스 공정 장비 개발 중

지금까지 세 가지 결핍을 주제로 2023년을 그려보았다. 고물가, 고금리, 전쟁, 미·중 갈등에 의한 공급망 재편 등 2023년에도 만만치 않은 시장이 지속될 가능성이 높다. 하지만 어려운 환경에서도 끈끈한 생명력을 유지하며 성장을 위해 투자하고 노력하는 기업들은 다시 한번 큰 도약을 하게 될 것이다. 특히 지난 10년간 시장을 주도한 플랫폼 중심의 무형재 산업이 아닌 제조업 결핍을 채워줄 유형재 산업이 시장을 주도할 가능성이 높다. **한국은 제조업 강국이다. 그리고 제조업 부흥을 의미하는 제조업 르네상스는 이미 시작되었다.** 기업이든 사람이든 결핍은 채움을 강요한다. 채우기 위해서는 투자도 해야 하고 소비도 해야 한다. 그 과정을 주도하는 기업은 큰 이익을 낼 것이고 주가도 차별화될 것이다.

투자자란 미래를 그리는 사람이다. 현재를 바탕으로 정확한 분석을 통해 미래를 예측해서 투자해야 한다. 주식시장은 현재를 반영하는 시장이 아니기 때문이다. 그렇기에 투자는 어렵고 항상 걱정을 수반하게 한다. 그런데 걱정은 당연한 것이다. 걱정이 없는 투자자는 진정한 투자자가 아니다. 『돈의 원리』를 저술한 영국의 막스 귄터Max Gunther는 **"우리 인생의 목표가 오직 걱정을 벗어나는 것이라면, 우리는 빈곤을 벗어나기 힘들 것이다"**라고 말했다. 즉 걱정이 없다면 부富도 없는 것이다. 2022년은 모든 투자자들에게 공포와 걱정을 안겨준 시간이었다. 하지만 포기하지 말자. 공포와 걱정은 다른 말로 기회와 부를 의미하는 단어이다. 『미스터 마켓 2023』

과 함께 준비하고 다시 출발해 보자. 세상의 결핍을 채워줄 기업을 찾아내고 공부하고 분석해서 잃어버린 2022년을 다시 만회하기를 진심으로 바란다.

참고 자료

▶ "2차전지/모멘텀은 미국에서, 실적은 유럽에서", 대신증권, 전창현 연구원 산업보고서, 2022년 10월 6일

▶ "CARmera: 전장 카메라의 시대가 온다", 교보증권, 이수림·최보영 연구원 산업보고서, 2022년 5월 9일

▶ "지주회사/인플레이션 감축법의 세액공제 방식에 따른 수혜주", 삼성증권, 양일우·홍준혁 연구원 산업보고서, 2022년 9월 20일

▶ "미국 주도 LNG 시장에서 본 글로벌 투자", 미래에셋증권, 서병수·이진호 연구원 산업보고서, 2022년 6월 17일

▶ "반도체 후공정·세상의 변화는 작은 소켓으로부터", 한국투자증권, 박성홍 연구원 산업보고서, 2022년 8월 18일

▶ "전기차 그 이후, 스마트카", 하이투자증권, 정원석·고의영·박상욱 연구원 산업보고서, 2022년 10월 5일

▶ "IT부품장비·전기차 전장 부품의 시대를 준비하자", 메리츠증권, 양승수 연구원 산업보고서, 2022년 8월 1일

▶ "신재생에너지·미국 태양광 시장에서 찾는 투자 기회", 삼성증권, 임은형·조현렬·정하늘 연구원 산업보고서, 2022년 10월 13일

▶ "스몰캡/LNG플랜트 발주가 늘어나면? 복합화력발전!", 현대차증권, 곽민정 연구원 산업보고서, 2022년 10월 5일

▶ "초거대 AI의 잠재력", 미래에셋증권, 박연주·김수진·이지현·류영호·정용제·

김진석·김충현·임희석·김규연 연구원 산업보고서, 2022년 9월 22일

▶ "로봇이 선사한 무인화 혁명-Telsa Ai Day #2 Review", 하이투자증권, 고태봉 센터장·조희승 연구원 산업보고서, 2022년 10월 5일

▶ "한국카본·IMO로 더 뜨거워질 LNG와 보냉", 하이투자증권, 최광식 기업보고서, 2018년 11월 20일

▶ "미래기술 25, 운전자에게 車 안에서의 자유를… 상용화 머잖은 자율주행", 이데일리 송승현 기자, 2022년 9월 13일 기사

▶ "자율주행부터 드론택시, 배송까지…미래 모빌리티 상용화 선도", 뉴시스 김진·금준혁 기자, 2022년 9월 19일 기사

▶ "Relocation과 설익은 바나나", 하나증권, 김경민·김주연 연구원 산업보고서, 2022년 5월 18일

▶ "제룡전기", 신한투자증권, 이병화 기업보고서, 2022년 9월 1일

미스터 마켓 2023

초판 1쇄 발행 2022년 12월 16일
초판 2쇄 발행 2022년 12월 31일

지은이 이한영, 오종태, 강영현, 정채진, 염승환
펴낸이 김동환, 김선준

책임편집 최한솔
편집팀장 한보라 **편집팀** 최한솔, 최구영, 오시정
책임마케팅 이진규 **마케팅팀** 권두리, 신동빈
책임홍보 조아란 **홍보팀** 이은정, 김재이, 유채원, 권희, 유준상
디자인 김혜림
경영관리팀 송현주, 권송이

펴낸곳 페이지2북스 **출판등록** 2019년 4월 25일 제 2019-000129호
주소 서울시 영등포구 여의대로 108 파크원타워1. 28층
전화 070) 4203-7755 **팩스** 070) 4170-4865
이메일 page2books@naver.com
종이 (주)월드페이퍼 **인쇄·제본** 한영문화사
ISBN 979-11-90977-93-7 (03320)
ISSN 2951-3928